분홍목사가 던진
종교개혁자 루터의 9가지 질문

분홍목사가 던진

종교개혁자 루터의 9가지 질문

분홍목사가 던진

종교개혁자 루터의 9가지 질문

종교개혁 특강을 시작하면서

종교개혁이라는 말을 들으면 아마 대부분 사람들은 딱딱한 역사 이야기나 고리타분한 교리의 싸움을 먼저 떠올립니다. 맞습니다. 저도 그랬습니다. 12년간 신학교에서 신학을 공부하고 목사가 되어서 담임 목회를 하면서도 종교개혁은 저와는 동떨어진 루터와 칼빈의 케케묵은 이야기에 불과했습니다.

그런데 2017년 봄, 종교개혁 500주년을 기념해서 다녀온 독일 등 유럽 지역의 종교개혁지 탐방은 저에게 지금까지와는 전혀 다른 새로운 질문들을 던져 주었습니다. 그 당시 젊은 사제였던 마틴 루터가 교회에 대해 고민했던 생생한 흔적이 보였습니다. 거창한 종교개혁을 꿈꾸었던 것이 아니라 단지 하나님을 바르게 믿고 성경을 바르게 전해보려고 몸부림쳤던 한 사제의 정직한 질문이 오랜 세월 너무나 견고하게 유지되었던 교회의 헛된 권위주의를 뒤흔드는 것을 보았습니다. 특히 보름스에서 목숨을 걸고 거짓된 시대의 흐름에 역행하기로 한 루터의 모습은 오늘날 세속주의 시대를 사는 저에게 말을 걸어오는 듯했습니다.

그래서 저는 이 루터의 이야기를 교인들에게 전해야겠다고 마음먹게 되었습니다. 그리고 그곳에서 찍어온 사진과 수집해온 자료를 정리하고 여러 서적과 인터넷 사이트의 도움을 받아서 종교개혁 특강을 준비했습니다. 그런데 한두 번의 강의로는 종교개혁의 신앙적 도전과 그 깊은 의미를 다 담아낼 수가 없다는 생각이 들었습니다. 그래서 마틴 루터의 대표적인 논문과 저작, 그의 신학적 이론과 교리의 해석을 열 개의 카테고리로 묶어서 "루터가 던진 열 가지 질문"이라는 제목으로 10회에 걸쳐서 종교개혁 특강을 하게 되었습니다. 물론 누가 이 낯선 종교개혁 특강을 열 번이나 꾸준히 들을까 하는 생각도 했습니다. 그러나 단순한 역사적 사건의 나열이나 일회적 동기부여로는 종교개혁의 가치와 신앙적 깊이를 다 다룰 수 없었습니다. 한 번 할 때 제대로 다뤄야 도리어 종교개혁은 지루하고 어렵다는 선입견을 지우고 마틴 루터의 고민에 실제로 접근할 수 있을 것으로 생각했습니다.

그래서 기존의 종교개혁 특강과는 다른 요소들을 첨가했습니다. 먼저는 제가 직접 독일에서 찍어온 사진들과 당시 종교개혁의 영향력을 보여주는 종교개혁기 전후의 그림들, 이미지들을 많이 소개하면서 교인들의 흥미를 불러일으켰습니다. 몇 년에 무슨 일이 있었고, 누가 무슨 사건의 어떤 역할을 했고 하는 식의 딱딱한 역사 강의가 아닌 이야기 중심의 강의로 어른들뿐 아니라 청소년과 어린이, 미취학 아동들까지도 관심을 가지고 참여할 수 있었습니다. 총 10번의 강의를 모두 수강하고 과제를 제출한 수료생 250명 가운데 다음세대가 50명을 차지한 것은 이번 강의가 얼마나 학문적 가치뿐 아니라 대중적인 관심에도 부응했는지를 잘 보여줍니다.

또한 마틴 루터가 비텐베르크 성당 문에 붙여 종교개혁의 기치를 올렸던 95개 조항도 제목만 알지 그 내용은 아무도 모르는 비밀문서(?)처럼 다뤄져 온 것이 안타까워서 그 내용을 일일이 풀어서 교인들이 이해하기 좋게 성경과 연결하여 편히 읽을 수 있는 문장들로 풀어내기 시작했습니다. 그러자 교인들은 95개 조항을 원문으로 공부하는 교회라는 자부심을 느끼고 10번의 강의를 끝까지 마칠 수 있었습니다.

또한 강의의 중심점을 가톨릭 신앙을 비판하거나 개신교의 우월성을 증명하려는데 두기보다 교회의 교회다움이 무엇인지, 신자의 신자다움이 무엇인지를 성찰하고 돌아보는데 두었습니다. 그래서 이번 강의가 단순한 지식의 전달로 끝나지 않고 믿음의 결단을 불러일으킨 은혜의 시간이 되는 데 결정적인 역할을 했다고 생각합니다. 인간이 가진 근본적인 질문을 던지고 그 질문에 대한 가톨릭교회의 전통적인 대답과 함께 종교개혁 이후의 새로운 대답을 찾아가는 여행은 그야말로 매 순간이 부흥회였고 행복한 여정이었습니다.

이를 바탕으로 이 책은 루터가 던진 질문을 9개로 정리하여 우리가 새롭게 던져야 할 질문이라 여기고, 매주 한 가지 질문의 내용을 다룰 수 있도록 제시하였습니다. 부디 이 책을 통해서 우리 모든 한국교회가 이러한 은혜와 감격을 충만하게 함께 경험할 수 있기를 소망합니다. 종교개혁? 어렵지 않습니다! 은혜롭습니다! 알면 알수록 행복하고 교회를 사랑하게 됩니다! 기쁜 마음으로 일독을 권해드립니다.

분홍목사 홍융희 올림

분홍목사가 던진 종교개혁자 루터의 9가지 질문

목차

루터가 던진 세 번째 질문, 나는 왜 행복하지 않은가? 070

루터가 던진 네 번째 질문, 내 삶의 해결책은 무엇인가? 098

루터가 던진 다섯 번째 질문, 올바른 믿음은 무엇인가? 122

시작하기

종교개혁 왜 알아야 하나요?

종교개혁은 우리가 드리는 예배의 형식이나 내용에 영향을 주었다. 종교개혁은 기독교 신앙의 핵심과 본질이 점점 애매모호해지는 오늘 우리에게 적용되어야 할 질문이다.

◇◇ 종교개혁 왜 알아야 하나요?

2017년은 종교개혁이 시작된 지 500주년이 되는 해(Reformation 500th Anniversary)였다. 종교개혁은 일반적으로 마르틴 루터가 당시 부패한 로마 가톨릭교회가 면죄부를 대량으로 판매하는 오류를 지적하고 교회를 개혁하기 위하여 1517년 10월 31일에 비텐베르크 교회 문에 95개 조 반박문을 게시한 것으로 알려져 있다. 개신교 교회의 시작을 알리는 종교개혁 사건은 중고등학교 역사책에도 기재될 만큼 중요한 사건임은 분명하지만, 크리스천이라 해도 여기까지가 우리가 알고 있는 전부라는 사실은 그리 놀라운 일이 아니다.

종교개혁 주일을 지키고 종교개혁 사건을 중요한 사건이라고 말은 하고 있지만 실상은 종교개혁의 내용이나 핵심 교리를 알지 못한다. 종교개혁이 없었다면 지금과 같은 교회는 없고, 대신 천주교의 성당만 있을 뿐이다. 우리가 드리는 예배의 형식이나 신앙의 내용과 방식이 지금과는 전혀 다를 것이다. 그래서 종교개혁에 관해 알아야 한다.

종교개혁이 없었다면 우리는 예수님께 기도할 수 없고 대신 성모 마리아에게 기도했을 것이다. 예배 자체가 달라지고, 신앙생활도 7 성사를 중심으로 완전히 바뀌었을 것이다. 죄를 지으면 고해성사와 보속을 해야 했을 것이다. 그러나 오늘날 기독교인은 이런 행위를 아무도 하지 않는다.

그러므로 종교개혁을 공부하고 알아가는 일은 우리 신앙생활의 기본기를 다지는 중요한 과정이 된다. 목적을 알려고 한다면 모름지기 시작을 알아야 한다. 어디서부터 개혁이 출발했는가? 과연 천주교는 무엇이 문제였고,

무엇이 잘못된 것인지를 알고, 어떻게 바뀌어서 개혁되었는지를 제대로 알아야 한다. 또한 신앙생활을 바르게 하려면 종교개혁의 의미와 내용을 기억하고, 내 삶에 적용하는 일이 꼭 필요하다.

종교개혁이란 한마디로 신앙 운동이다. 로마 가톨릭교회가 세상의 중심이던 시절, 유럽 사회의 중심을 이루고 있는 유일의 종교였던 기독교가 교황과 황제의 자리다툼, 돈과 권력에 물들어 부패하자 이를 바로 잡기 위해 일어난 신앙 운동이라 할 수 있다. 이를 위해 루터는 9가지의 중요한 질문을 던져야 했다. 그 질문은 당시 기독교 신앙의 핵심과 본질이 무엇인지를 분별하는 기준과도 같다.

그리고 이 기준은 오늘 우리의 삶에도 중요한 질문으로 던져진다. 기독교 신앙의 핵심과 본질이 점점 애매모호해지는 오늘 우리에게 적용되어야 할 질문이 된다. 종교개혁 당시로부터 500여 년의 시간이 지난 지금, 여전히 기독교 신앙의 본질과 핵심을 잘 붙들고 있는지, 혹 이것을 놓치고 있는 것은 아닌지 질문해 보아야 한다.

루터가 던진 첫 번째 질문

"

인생의

목적은

무엇인가?

"

종교개혁의 의미는 무엇인가? 505년 전에 시작된 종교개혁이 나에게 어떤 의미를 제공할까? 종교개혁은 505년 전에 시작되었지만, 아직도 진행 중이라고 할 수 있을까? 아니면 종교개혁은 개혁가들이 한 운동일 뿐 나랑은 아무런 상관이 없다고 여기는 태도가 바람직할까? '개혁된 교회는 계속해서 개혁되어야 한다'는 개신교의 중요한 신조(motto)가 여전히 유의미하다고 할 수 있을까?

이런 질문들이 종교개혁에 관해 배우면서 앞으로 어떻게 내 삶을 개혁해 나갈 것인지, 그리고 나의 신앙은 지금 어떻게 개혁되고 있는지를 돌아보는데 중요한 기준이 될 것이다. 무엇보다 '인생의 목적은 무엇인가? 사람은 왜 살아가는 것인가? 나는 왜 사는가?'와 같은 질문들은 인간이라면 누구나 생각하는 굉장히 중요한 질문이라 할 수 있다.

그런데 이 질문에 대한 대답은 종교개혁 이전과 이후가 다르다. 그래서 우리가 인생의 목적이 무엇인지에 대한 진지한 질문을 통해 내가 과연 종교개혁 이전의 답으로 살고 있는지, 아니면 종교개혁 이후의 답으로 사는지를 생각해 볼 수 있다. 또한 이 질문들을 마음에 품고 우리는 종교개혁이 왜 시작되었는지에 관심을 가질 필요가 있다.

◇◇ 질문하는 자, 루터

마틴 루터(34세 때)가 비텐베르크에 있는 만인성자교회 성문에 95개 조항의 반박문을 붙인 날이 1517년 10월 31일이다. 루터는 당시 유럽을 지배하고 있는 가장 힘이 센 교회와 황제보다 높은 권력을 가진 교황에게 맞서서 종교개혁을 시작했다. 문이 칠판으로 되어 있는데, 비텐베르크 대학의 교수들이나 학생들이 "우리 한번 논쟁해보자"라고 주제를 써서 칠판에 붙이면 다른 사람들이 그것을 보고 댓글을 달았다. 요즘으로 말하면 자유 게시판 형태이다. 저 칠판에 루터는 "지금 교회(천주교)가 하는 일이 과연 옳은 것인가?"라는 질문 형식으로 된 95개 조 반박문을 붙였다.

우리에게는 굉장히 익숙한 이 장면이 종교개혁 이전의 상황으로 돌아가면 굉장히 혁신적인 제안이었다는 것을 알아야 한다. 당시에는 질문이 없었다. 강력한 권위의 상징인 교회가 말하면 무조건 복종해야 한다고 생각했기 때문이다. "왜 해야 하나요?"라는 질문 자체가 불가능했다. 그러나 루터는 당시 거대한 교회를 향해 첫 질문을 던진 사람이다. 그래서 우리는 이후 질문하는 자가 되었고, 질문은 저항으로 이어졌다. 즉, 우리는 저항자(프로테스탄트)들이 되었다.

프로테스탄트 Protestant **는 라틴어 프로테스타티오** protestatio **에서 가져온 말로 이 말은 '저항, 항거'를 의미한다.**

교회를 다닌다는 것은 무엇인가? 무엇이 하나님의 뜻이고 아닌지를 구별하는 데서 비롯된다. 프로테스탄트, 이것이 우리의 정체성이다. 저항은 소통을 낳고, 소통을 위해서는 질문해야 한다. 그래서 질문할 줄 아는 사람이 온전한 개신교인이고, 온전한 개혁교회의 성도이다.

어떤 분들은 생각하기를 배움에는 질문이 필요 없다고 생각한다. 그냥 잠잠히 입 다물고 들으면 배운다고 생각한다. 그러나 질문도 알아야 할 수 있다. 말씀을 알지 못하면 질문할 수 없다. 성도라고 한다면 하나님의 뜻을 알려고 노력하면서 스스로 질문할 줄 알아야 한다. '내가 바르게 믿는 건가? 하나님의 뜻을 잘 이해하고 하나님을 기쁘시게 하는 길은 무엇일까?'라고 자문할 수 있어야 한다. 루터로 넘어가기 전에 오늘을 사는 나에게도 질문을 던져 보자. 나는 오늘 하루를 살면서 어떤 질문을 던지며 살았는가?

◇◇ 비텐베르크성 교회 이야기

비텐베르크성 교회에 있는 실제 문을 찍어온 사진이다. 지금은 칠판이 아닌 까만색 철판으로 바뀐 저곳에 95개 조항이 새겨져 있었다. 철판 윗부분에는 십자가와 두 사람이 있는데 왼쪽에 있는 사람이 '멜랑히톤'이고, 오른쪽에 있는 사람이 '루터'이다. 멜랑히톤은 루터와 함께 독일의 종교개혁을 이끈 사람이다. 중요한 점은 루터는 항상 손에 성경을 들고 있었다는 것이다. 이것은 굉장한 의미를 준다. 개혁된 성도들의 손에는 루터와 같이 항상 성경을 가까이 두어야 한다.

이 그림을 자세히 보면 가운데에 예수님이 눈을 뜨고 있다. 옷자락은 바람에 날리고 있다. 이것은 종교개혁의 바람을 일으키시는 예수 그리스도를 상징한다. 우리는 십자가에 달린 예수님을 그냥 돌아가신 분으로만 생각하는 데 비텐베르크성 교회에 달리신 예수님은 두 눈을 뜨고, 바람을 일으키시는 분이시다. 그 바람을 루터와 멜랑히톤과 같은 자들에게 불어 넣어 주

| 비텐베르크성 교회

고 계신다. 또한 우리가 잘 아는 “내 주는 강한 성이요”(새찬송가 585장)라는 찬송은 루터가 비텐베르크 성교회(만인성자교회)를 떠올리면서 작사, 작곡한 곡이다. 그래서 비텐베르크성 교회의 오른쪽 성탑에 “내 주는 강한 성이요”라고 쓰여 있다.

| 비텐베르크성 교회 내부

개혁 이후에는 루터교가 이 건물을 이전받아서 루터교회로 쓰고 있다. 내부에는 루터 상도 있고, 멜랑히톤 상도 있고 굉장히 많은 종교개혁가의 상들이 있다. 설교단도 있는데 설교단 밑에는 루터의 무덤이 있다. 그 옆으로 멜랑히톤의 무덤도 있다. 내부의 색깔은 루터교회의 전통색으로 만들어졌는데, 루터의 기념 색으로 여기고 있다. 그리고 원래는 성당이었지만 이제는 교회로 바뀌었다. 그래서 이 교회에 방문하게 되면 주일 예배를 드릴 수가 있다.

1

종교개혁의 의미

종교(宗敎) : 인간이 살아가는 생의 궁극적인 의미가 보이지 않는 신이나 절대자가 있다고 믿고 자기를 부인하며 계시된 경전을 바탕으로 신앙하는 문화체계

종(宗)은 '마루 종'자이다. '가장 높다'라는 뜻이다. 종교는 가장 높은 가르침을 뜻한다. 인간이 살아가는 생의 궁극적인 의미가 있고, 생의 궁극적인 의미는 눈에 보이는 것으로 가치를 매길 수 없다. 돈 벌고, 성공하고, 건강한 것이 전부가 될 수 없다. 인생의 궁극적인 의미는 겉으로 드러나지 않는다.

또한 인생의 궁극적인 의미는 나에게 있지 않고 절대자에게 있다. 그래서 바른 종교는 자기를 부인하게 한다. 자기를 부인한다는 것은 내가 가진 것을 자랑하지 않고, 내가 무언가를 했다고 내세우지 않는 것이며, 나의 연약함과 부족함을 인정하는 태도이다.

그래서 하나님을 믿으면 믿을수록 우리는 겸손해진다. 나는 하나님 앞에 한 방울의 물과 같고, 작은 티끌이며, 먼지와 같다(사 40:15)고 고백할 수 있다. 핵심은 계시된 경전(우리는 성경이지만, 불교는 불경이 있다. 상위 종교는 다 경전이 있다. 하급 종교〈샤머니즘〉는 경전이 없다.)을 바탕으로 신앙(대상을 우러러보며 믿는 것)하는 것이다.

그래서 신앙에는 우러러보는 대상이 있다. 내가 하는 일이 마냥 잘 되기만 바라고, 운 좋기만을 바라는 것은 신앙이 아니다. 왜냐하면 이것은 바라보는 존재(=대상)가 없기 때문이다.

개혁(改革) : 제도나 기구 따위의 불합리한 부분을 새롭게 뜯어고침 (↔혁명)

개혁이란 제도나 기구 따위의 불합리한 부분을 새롭게 뜯어고친 것을 말한다. 종교와 개혁은 사실상 만날 수 없는 단어이다. 인생의 가장 궁극적인 근원과 의미를 밝혀주는 종교가 어떻게 개혁의 대상이 될 수 있는가?

그러나 중세의 교회는 루터로 인해 개혁되었다. 개혁은 혁명과는 다르다. 혁명은 가톨릭이 없어지고, 개신교만 남으면 혁명이 된다. 그러나 가톨릭도 있고 개신교는 가톨릭으로부터 분리되어 빠져나왔다. 그래서 혁명이 아니라 개혁이라 부른다.

많은 사람이 "천주교인도 천국 갑니까?"라고 묻는다. 혁명이라면 가톨릭은 없어지고, 개신교만 남아 있어야 한다. 그렇다면 가톨릭 교인들은 천국에 못 간다. 그러나 가톨릭도 남아 있고, 개신교도 남아 있다. 개혁이기 때문에 둘 다 천국은 간다. 그러나 중요한 것은 둘 다 남아 있다는 것은 둘 다 불완전하다는 뜻이다.

우리가 개신교이기 때문에 가톨릭을 부정적으로 얘기해야 한다고 생각할 수 있는데 그렇지 않다. 왜냐하면 개신교의 뿌리가 가톨릭이기 때문이다. 가톨릭을 부인하고 새로운 종교를 만든 것이 아니라 가톨릭의 잘못된 부분을 고치자고 나온 것이 개혁된 개신교이다. 따라서 천주교는 '사탄', '마귀의 집단'이 아니다. 가톨릭을 부인한다면 이것은 우리의 뿌리가 없어지는 것이고 뿌리를 부정하는 것이다. 종교는 혁명이 아니라 개혁이다!

◇◇ 종교개혁의 가치

종교(宗敎)개혁(改革) : 우리 신앙의 순결함을 유지하고 믿음이 더 이상 개혁의 대상이 아니라 세상을 바꾸는 기준이 되게 하려 함을 목표로 한다.

종교는 가장 순결한 것을 지향한다. 종교는 인간의 가치를 초월하는 궁극적인 의미이고, 보이지 않는 하나님을 섬기며, 가치를 찾는 경전을 중심으로 하는 신앙 행위이다. 그러나 순결한 최고의 가치를 따르는 종교가 타락할 때 그것은 부끄러운 결과를 낳는다.

그래서 우리가 종교개혁을 되새기는 이유는 우리 신앙의 순결함을 유지하는 데 필요하기 때문이다. 우리 신앙의 순결함을 어떻게 지키며, 순결함의 내용과 의미는 무엇인지? 어떻게 기억할 것인지? 어떻게 훈련하고 적용할 것인지를 되새기자는 말이다.

믿음은 더 이상 개혁의 대상이 되면 안 된다. 교회가 개혁의 대상이 되고, 신앙의 내용이 개혁의 대상이 되어서는 안 된다. 이제는 사회가 교회를 손가락질하고 "교회 때문에 사회가 못 살겠다. 너희가 달라지지 않을래?"라는 소리를 듣지 않았으면 한다.

오늘날 교회가 사회의 손가락질을 얼마나 많이 받고 있는가? 더 이상

교회가 개혁의 대상이 아닌, 세상을 바꾸는 기준이 되어야 한다. 믿음이 세상을 바꾸는 기준이 되어야 한다. 교회는 결국 '나'이다. 내가 개혁의 대상이 될 것인가? 아니면 개혁의 기준이 될 것인가? 우리는 개혁의 대상이 아닌 개혁의 기준이 되어야 한다.

◇◇ 성경읽기

"사무엘이 이르되 여호와께서 번제와 다른 제사를 그의 목소리를 청종하는 것을 좋아하심 같이 좋아하시겠나이까 순종이 제사보다 낫고 듣는 것이 숫양의 기름보다 나으니 이는 거역하는 것은 점치는 죄와 같고 완고한 것은 사신 우상에게 절하는 죄와 같음이라 왕이 여호와의 말씀을 버렸으므로 여호와께서도 왕을 버려 왕이 되지 못하게 하셨나이다 하니" (사무엘상 15:22-23)

하나님은 이스라엘의 초대 왕으로 사울을 세웠다. 사울은 너무나 겸손하고 순수한 청년이었지만, 왕이 된 이후 바뀌기 시작하여 권위를 주장하기 시작했고, 선지자 사무엘의 말을 듣지 않았다. 심지어 하나님의 말씀도 듣지 않았다. 그런데도 하나님은 사울에게 (사울의) 대적 아말렉과의 싸움에서 이기게 해 주시겠다고 말씀하셨다. 그리고 하나님께서 아말렉과의 전쟁에서 이기게 했다는 증거로 사울에게 모든 소유를 진멸하라는 명을 내리신다.

그러나 사울은 하나님의 명령을 어기고 좋은 소, 좋은 양, 가치 있고 좋은 것들은 모두 남겨놓았다. 가치 없는 것은 다 죽이고, 가치 있는 것은 다 남겨놓았다. 사무엘이 이것을 보고 '양이나 소를 왜 남겨놓았느냐'라고 묻자, 사울은 "하나님께 너무 감사해서 제가 하나님께 제사를 드리기 위해(예배하기 위해) 남겨놓은 것"이라고 말한다. 여기까지만 보면 우리는 사울의 입장이 이해된다. 얼마나 훌륭한 생각인가? 하나님을 예배하기 위해서라고 하는데 얼마나 멋진 대답인가? 심지어 사울은 신앙을 위해 남겨놓은 것이었고, 자기가 먹으려고 한 게 아니었다.

그러나 사무엘이 이르되, "여호와께서 번제와 다른 제사 즉, 종교 행위(제사)라고 하는 모든 것들을 그의 목소리를 청종하는 것을 좋아하심 같이 좋아하시겠나이까?"라고 한다. 이 말의 뜻은 '제사'라고 하는 가장 종교적인 행위가 하나님의 말씀을 거역하는 것이 될 수도 있다는 말이다. 하나님의 말씀을 듣고 따라가지 않는 것은 하나님을 거절하고 무시하는 신앙 행위가 된다. 이것은 설교, 헌금, 봉사가 하나님의 영광을 가리는 것이 될 수도 있다는 말이다.

순종은 우리의 내면으로 주님을 따르는 일이다. 그래서 먼저 내면의 변화가 일어나야 한다. 하나님은 겉으로 하는 제사보다 순종하는 내면의 변화를 훨씬 더 좋아하신다. 주의 말씀을 삶으로 듣고 변화되는 것이 숫양의 기름보다 낫고, 이를 거역하는 것은 점치는 죄와 같다(이 당시 점치는 죄는 굉장히 악한 죄이고, 죽여야 하는 죄이다). 완고(하나님 말씀을 외면하고 내 고집, 내 권위를 주장하는 것)한 것은 우상에게 절하는 죄와 같다. 그래서 사울은 겉으로 보면 신앙생활(제사)을 했지만, 결국은 말씀을 버렸다. 사울처럼 완고하게 권위를 주장하고, 하나님을 향한 내면의 변화가 없을 때 하나님은 그 왕을 버리신다. **이것이 종교개혁의 원리이다.**

겉으로 보면 매주 예배하고, 구역 공과하고, 심방하고, 새벽 예배하고, 열심히 신앙생활을 잘하는 것처럼 보이지만 오히려 하나님 말씀을 듣는 게 아니라 나의 생각을 더 완고하게 하고, 내가 나를 지키기 위해 나의 권위를 높이고 권리를 주장한다면 하나님은 우리를 버리실 것이다. 그래서 하나님이 가톨릭을 버리시고, 개신교를 태동하게 하신 것이다.

2

종교개혁의 결과

외형 : 성당 중심의 가톨릭(구교)과 교회 중심의 개신교(신교)로 분리됨

내면 : 권위에 대한 믿음(가톨릭)에서 믿음에 대한 권위(개신교)로 변화됨

종교개혁의 결과 외형이 바뀌게 되었다. 기독교가 구교와 신교로 나누어진다. 즉, 구교인 가톨릭과 신교인 개신교로 분리된다. 개신교만 기독교인 줄 알고 있는 사람들이 더러 있다. 이것은 반은 맞고 반은 틀린 말이다. 개신교는 기독교가 맞다. 그러나 개신교만 기독교인 것은 아니다. 기독교라는 것은 하나님을 믿고, 예수 그리스도 보혈의 피로 구원을 받은 사람들, 성경을 읽고 하나님을 예배하는 자들을 뜻한다.

그래서 가톨릭과 개신교는 다 기독교이다. 기독교는 종교개혁 이전의 신앙이 그대로 유지되어 온 구교인 성당 중심의 가톨릭과 종교개혁 이후 교회 중심의 신교인 개신교로 분리된다. 정확히 말하면 기독교 중에서 개신교이다.

어떤 분들은 가톨릭과 기독교를 구별하는 사람도 있는데 정확히 말하면 기독교 안에 가톨릭과 개신교가 들어 있다. 또 어떤 사람들은 "카톨릭 아닌가요?"라고 묻는다. 공식 명칭은 가톨릭이다. 영어로는 가톨릭(Catholic)인데 왜 우리나라에서 카톨릭에서 '가'톨릭으로 변했는지를 이해할 필요가 있다.

◇◇ 카톨릭에서 가톨릭으로 개명한 배경

우리나라는 종교의 종류가 많은데 정부에서 다양한 종교의 통계를 발표할 때 개신교는 'ㄱ'자이기 때문에 가톨릭 앞쪽에 기재해왔다. 그러나 가톨릭은 'ㅋ'(카)자라서 맨 뒤에 있었다. 가톨릭은 권위를 중요시하고 기독교의 뿌리라고 자부하고 있기에 개신교보다 앞쪽에 기재하기 위해서 '카'톨릭의 공식 명칭을 '가'톨릭으로 바꾸었다.

또한 '가톨릭'의 뜻은 '우주적이다', '유일하다'라는 뜻이 있다. 그래서 가톨릭을 한마디로 정의하면, '권위에 대한 믿음'이라 할 수 있다. 종교개혁 이전의 상황으로 돌아가면, 교황이 모든 성경을 해석한다. 그러나 일반 사람들은 성경을 못 본다. 성경은 라틴어로 되어 있고, 설교도 사제들이 라틴어로만 한다. 라틴어는 사어(쓰지 않는 말)이다. 아무도 모르는 라틴어 설교를 듣고 있다. 아무도 못 읽는 성경! 아무도 알아듣지 못하는 설교! 그래서 종교개혁 이전에 교회에 가면 사람들이 멀뚱멀뚱하게 앉아있다.

게다가 성당에서는 성찬식을 했다. 그런데 떡은 주고 잔은 주지 않았다. 왜 그랬냐면 당시 교회에 오는 사람들 대부분은 농부였는데 농부들의 손이 어떠한가? 갈라지고, 터지고, 뭉툭하다. 그런데 이런 손으로 잔을 받다가 실수로 잔을 떨어뜨리거나 깨뜨리면 어떤 일이 일어나겠는가. 성스러운 주님의 피가 바닥에 떨어진 것이라 믿기 때문에 사제가 그 바닥에 떨어진 포도주를 먹어야 했다. 깨어진 유리잔과 포도주가 흘린 바닥을 사제가 핥아서 먹어야만 했다. 이것은 매우 위험한 행위였다. 유리 파편으로 혀가 온통 피투성이가 되기 때문에 오랫동안 잔을 주지 않았다.

그래서 잔은 안주고 대신에 떡만 주었다. 떡은 놓치면 다시 주워서 먹으면 된다. 그래도 떡을 놓칠 수 있기 때문에 아예 입 안에 넣어서 줬다. 이런 식으로 성찬을 베풀었다. 그러면서 무엇이라고 말하였는가? "오늘 말씀 못 알아들어도 좋아! 주님의 살을 먹었잖아! 그러니까 너는 새로워졌어! 믿어!"라고 했다. 이렇게 매주 예배를 드렸지만 사람들은 알아듣지도 못하는 설교를 듣고 집으로 돌아갔다.

또한 사람들이 모세가 누군지, 베드로가 누군지 모르니까 벽에 온통 성상을 만들어서 성경을 설명했다. 그래서 성당에 가면 유리창에 스테인드 글라스가 있다. 특히 유럽에 가면 옛날 성당이 많은데 창세기, 10가지 재앙,

출애굽기, 성막, 광야 생활, 민수기 등 성경 66권을 스테인드글라스로 만들어 놓았다. 설교를 못 알아듣는 사람들을 위해 이미지로 가르치기 위해 만든 것이다.

중세시기에 영국 출신의 윌리엄 틴데일(William Tyndale)은 라틴어를 공부해서 주기도문을 라틴어로 외웠다. 학자는 어린 딸들에게 주기도문을 알려주고 싶었다. 그래서 라틴어를 모르는 어린 딸들을 위해 혼자 주기도문을 영어로 번역해서 딸들에게 알려 주었다. 딸들이 주기도문을 외우기 시작했다. 그런데 문제가 생겼다. 딸들이 집 밖에 나가서도 주기도문을 외웠다. 어떻게 되었을까? 아빠와 두 딸이 광장에서 화형을 당했다. 온 동네 사람들을 모아 놓고 아빠와 딸들을 불에 태워 죽였다. 왜 그렇게 했을까? 교회의 권위에 도전했다고 여겼기 때문이다. 라틴어로만 기록된 거룩한 성경 말씀을 천박한 영어로 번역해서 딸들에게 알려 줄 수 없다는 것이다. 불경한 자는 불태워 죽여야 했다. 그러면 아빠만 죽여야지 딸들은 왜 죽였나? 딸들은 천박한 언어로 하나님 말씀을 입으로 옮겼기 때문이다. 그래서 다 죽였다. 이것이 당시의 현실이었다.

라틴어 성경을 자국어로 바꾸려는 노력이 숱하게 있었지만 그 모든 노력은 수포가 되었다. 그래서 **종교개혁의 가장 중요한 시작은 성경의 번역**이었다.

◇◇ 성경을 믿나요? 권위를 믿나요? 권위에 대한 믿음!

가톨릭은 교황의 권위를 믿고, 추기경을 믿고, 주교를 믿고, 사제로 내려오는 권위에 순종하는 것을 강조했다. 그래서 사제가 되기 위해서는 바닥에 온몸을 엎드려 오체투지(五體投地)를 하고 서약한다. 굉장히 경건하게 보이지만 이것은 교황의 권위 추기경의 권위, 주교의 권위에 내가 복종하겠다는 뜻이다. 절대로 토를 달지 않겠다는 말이다.

지금도 교황이 성경을 풀이하면 끝이다. 그 누구도 토를 달 수가 없다. 그런데 교황도 사람이지 않은가? 교황도 치매에 걸릴 수가 있고, 우울증이 올 수도 있지 않은가? 교황은 잘 못 될 수가 없는 것인가? 그렇다. 교황은 잘 못 될 수 없다고 말한다. 이것이 가톨릭의 교리이다. '교황 무오설'은 천주교의 주요 교리이다. 교황은 은퇴도 없다. 죽을 때까지 교황이다.

아직도 이 권위가 얼마나 센지 서울 양화진에 가면 천주교 기념관이 있다. 거기 가면 유리 벽 속에 의자가 하나 있다. 아무도 앉지 못하도록 하기 위해서다. 이 의자가 무엇일까? 교황 요한 바오로 2세께서 한국에 방문했을 때 앉았던 의자이다. 그런데 교황이 앉았던 의자를 전시해 놓았는데 혹시라도 누가 앉을까 봐, 누가 앉아서 거룩하신 엉덩이에 다른 엉덩이가 밀착되면 해를 입을까 봐 유리관으로 막아 놓았다. 이것이 바로 권위에 대한 믿음이다.

"권위를 믿어! 안 그러면 너희는 천국에 못 가!" 그래서 교황이 황제를 출교시켜버리면 황제는 황제의 자리에서 물러나야 했고, 교회에서 쫓겨나면 죽은 목숨처럼 되었다. 수많은 황제가 교황의 권위 앞에서 출교당하여 교황께 와서 빌었다. 단적인 예로, 1077년 1월 28일, 신성로마제국의 하인리히 4세가 자신을 파문한 교황 그레고리오 7세를 만나기 위해 이탈리아 북부의 카노사성으로 가서 용서를 구한 사건으로 이를 '카노사의 굴욕'이라 한다.

우리가 신앙생활을 할 때 만약에 목사가 "무조건 내 말을 듣고 따라오세요, 무조건 제 말이 옳아요."라고 한다면 잘못된 것이다. 목사는 하나님으로부터 교회를 책임 맡았고, 열심히 성경을 연구하고, 교회의 성장과 성숙을 위해 기도하고 노력해야 할 사람이다. 그러나 목사도 100% 옳을 수는 없다. 만약에 목사가 100% 옳다고 우긴다면 그는 종교개혁 이전의 사람으로 돌아가게 되는 것이다. 개신교는 모든 교인이 의견을 낼 수 있고, 다양한 의견을 조율하며, 하나님의 뜻을 실현하기 위해 더 좋은 방향으로 나아가야 한다.

◇◇ 권위 vs 믿음

그렇다면 개신교의 특징을 한마디로 정의하면 무엇인가? 바로 믿음에 대한 권위이다. **권위에 대한 믿음을 강조하면 가톨릭이고, 믿음에 대한 권위를 강조하면 개신교**이다.

우리는 권위를 어디에 두는가? 하나님을 향한 믿음에 두어야 한다. 하나님을 향한 믿음이 모든 것을 변화시키고, 모든 것을 가능하게 한다. 이것이 우리의 권위이다. 믿음에 권위를 두고, 우리의 믿음을 소중하게 여기고, 믿음을 새롭게 하려고 몸부림을 치는 거룩한 믿음의 공동체가 바로 교회이다. 그래서 개신교라고 할 때 우리의 믿음은 하나님을 향한 믿음에 대한 권위를 뜻한다. 더 바르게 믿고, 더 잘 믿고, 더 열심히 믿으려는 우리의 마음에 하나님을 향한 열심과 마음의 도전이 필요하다.

그러나 종교개혁 이전에는 교황의 전통이 성경보다 앞섰다. 전통이 성경보다 중요했고, 전통이 하나님의 뜻보다 앞섰다. 루터가 95개 조항을 붙인 이유는 이러한 전통에 관한 질문이었다. “이것이 정말 맞아요? 정말 하나님의 뜻이 맞아요? 어떻게 하면 하나님의 뜻대로 사는 건가요?”라고 질문하기 시작했다.

그러나 교황은 무소불위(無所不爲)의 권위였다. 교황이 잘못해도 잘못했다고 하지 않을 뿐 아니라 잘못했다고 지적할 수도 없었다. 그러나 고인 물은 썩게 되어 있다. 교황이 전 세계를 지배하는 전권을 가지게 되면서 성직매매로 이어졌다. 교황이 추기경을 임명하고, 추기경이 주교를 임명하는 구조가 되었다. 맨 윗사람에게 돈을 주면 모든 조직을 장악하는 힘을 가질 수 있었다. '어떤 힘 있는 가문이 교황과 손을 잡느냐. 어떤 힘 있는 가문이 교황을 후원하느냐'가 역사의 방향을 바꾸는 어마어마한 힘이 되었다.

그 결과 교회의 전통이 모든 사람에게 최우선의 가치가 되었고, 교황의 권위가 군림하던 그 시절에 성직매매를 통해서 사제가 된 사람들은 하나님의 거룩한 이름으로 사제가 된 것이 아니라, 돈을 내고 그 자리를 산 사람들이 차지하게 되었다. 돈을 내고 자리를 샀기 때문에 본전을 뽑기 위해 사제들은 성도들의 믿음을 무시하고 믿음보다는 죗값을 강조하게 되었다.

고해성사는 내 죄를 사제에게 고백하고, 사제가 그 죗값을 불러 주는 것이다. 벌금 얼마, 쌀 한 마지기. 이런 식으로 죗값을 불러 주는데 이것을 '보속'(補贖)이라 한다. 가톨릭의 핵심 교리인 고해성사는 결국 사제들의 성직매매를 통해 자기들이 돈을 내고 샀던 그 자리를 돈으로 다시 메우기 위한 시도로 왜곡되기 시작했다. 또한 율법에 얽매이는 형식적인 신앙생활을 하게 되었다.

성경은 율법과 복음의 비교가 나오면 당연히 복음에 더 무게를 둔다. 율법은 죄를 깨닫게 해 줄 뿐이지 율법으로 구원받을 수 없다. 내가 죄인인 것을 깨닫는 것까지가 율법이고, 그다음은 복음이 필요하다. 그러나 당시 사제들은 사람들이 복음을 깨달으면 자유를 누리게 되고, 신앙의 기쁨을 누리게 되니까 이것을 막기 위해 율법만을 강조했다. 율법을 강조하기 위해서는 성경을 막아야 했고, 성경이 알려지는 것을 막기 위해 번역하지 못하게 하였다. 왜? 성경이 알려지면 그때부터 그들의 권위가 추락하기 때문이다.

하지만 예수님은 높아지기 위해 이 땅에 오신 것이 아니다. 낮아지기 위해, 죽기 위해 오신 분이다. 그런 분을 믿는 교회가 점점 높아지는 일은 옳지 않다. 그래서 종교개혁이라는 것은 성경으로 돌아가 예수님의 삶을 우리가 살아내는 것을 의미한다. 예수님으로 말미암아 구원받은 것으로 끝나는 삶이 아니다. 율법으로 그분을 만족시키는 삶이 아니다. 복음으로 예수님께서 우리를 위해 행하신 십자가의 은혜를 누리면서 예수님처럼 세상을 변화시키며 살아가게 되는 것이 신앙의 핵심이다. 그러나 중세교회는 믿음을 무시하고, 율법에 얽매이는 형식적인 신앙생활을 하게 했다.

3

종교개혁의 질문 – "인생의 목적은 무엇인가?"

나는 과연 왜 사는 걸까? 무엇을 위해 살아가는 것인가? 이 질문은 인생의 목적을 묻는 말들이다. 그렇다면 여기에 몇 가지 질문들을 더 추가해보자. 내가 교회 다니는 이유, 예수님을 믿는 이유는 도대체 무엇인가?

종교개혁 이전 : 교회가 정하는 교리의 해석에 복종하고 죗값을 치르기 위해 평생 수고해야 한다.

종교개혁 이후 : "하나님을 하나님 되게 하라" Let God be God!

위의 질문에 가톨릭이 대답한다면 그들은 교회가 정하는 교리의 해석에 복종하는 것이라 할 것이다. 중세교회는 사람들에게 "성경에 쓰여 있는 것을 묻지 마라. 우리가 해석해 주고 말해 줄 테니깐 따라와! 귀 닫고, 눈 감고, 입 다물고 그냥 따라와!"라고 했다. 이것이 인생의 목적이었다. 교회가 모든 것을 정하면 성도는 그냥 따라야 한다고 생각했다.

한 예로, 흑사병이 발생했을 때 얼마나 많은 교회가 성도들을 교회로 불러들였는가? "교회는 하나님이 지켜주시는 공간이다. 그러니 모두 교회로 오라."라고 해서 한꺼번에 전염되어 수천 명이 교회에서 죽었다. 이것은 교회가 정하는 교리의 해석에 복종하기 때문에 생기는 일이다.

더욱이 하나님 뜻에는 관심 없고, 성경에 뭐라고 말씀하든 관심이 없는 사제들은 이미 돈 내고 사제가 되었기에 성경을 읽지 않았다. 설교한다고 하지만 알지도 못하는 소리를 전하면서 흉내만 내었다. 그래도 아무도 반문하지 않았다. 어차피 알아들을 수 없었기 때문이다.

시간이 지날수록 교회의 신앙은 땅에 떨어지고, 사람들의 관심은 돈과 권력과 세상의 성공에 가치를 두게 되었다. 성경을 알지 못하니 사제의 말에 복종하게 되고 복종하지 않으면 쫓겨나고 출교당했다. 사람들은 모든 것에 귀 막고, 눈 감고, 복종하는 삶을 살게 되었다. 죗값을 치르기 위해 평생 수고하면서도 그것이 인생의 목적이라고 생각했다.

하지만 이 세상에 죄 없는 사람이 어디 있는가? 그런데 그 죗값을 누가 치렀는가? 예수님이 십자가에서 우리를 위하여 이미 죗값을 치렀다. 그런데 그들은 그 값에 대해 전하지 않았다. 오로지 고해성사하고 죗값을 치르라고 가르쳤다. 죄의 보속으로 "작은 죄는 기도문을 암송하고, 성모 마리아에게 잘못을 고백해라. 큰 죄는 고구마, 옥수수 두 포대. 더 큰 죄는 돈으로 금화 얼마를 가져와라."라고 했다. 이런 식으로 보속(죗값)을 요구했다.

성도들은 평생 자기 죗값을 치르며 살았다. 이렇게 사람들은 하나님 뜻도 모른 채, 예수님 십자가의 부활도 모른 채 복음을 들어보지도 못하고 나라와 교회에 평생 이중과세의 짐을 지며 율법으로 치어 살다가 인생을 끝내게 되었다. 평생 죗값을 치르기 위해 수고하고, 교회에 복종하는 것이 가톨릭이 말하는 인간의 목적이었다.

그런데 루터는 인생의 목적이 **'하나님을 하나님 되게 하라'**는 것임을 깨닫게 되었다. 그는 성경을 읽으며 어떻게 하나님의 영광이 가능한지, 하나님을 하나님 되게 할 수 있는 일인지 질문하기 시작했다. 구원은 하나님에 의해 이루어지는 것으로 교회의 권위가 인간을 천국에 보내주는 것이 아님을 알았다. 내가 노력해서, 내가 수고해서, 내가 죗값을 치러서 천국 가는 게 아니란 생각을 하게 되었다. 그래서 그는 더 이상 죗값을 치러야 한다는 두려움에서 벗어나게 되었다. 우리도 마찬가지다. 하나님을 하나님 되게 하는 일은 나를 구원하신 하나님의 놀라운 계획을 인정하고, 감사하고, 찬양하며 살아가는 것이다. 이것이 우리 인생의 목적이 된다.

◇◇ 결론 : 하나님을 하나님 되게 하는 것

하나님이 우주와 역사의 중심이시다. 하나님 중심의 세계관과 신앙생활을 회복할 때 인생의 참된 가치, 의미, 목적을 발견할 수 있다. 구원은 인간이 주도하는 행위나 공로가 아니라 하나님의 행하심에 달려있다. 인간의 구원은 철저히 하나님의 주권적인 은혜로 주시는 선물이다.

루터가 던진 첫 번째 질문, "인생의 목적이 무엇인가?"에 대한 결론에서 우리는 하나님이 우주와 역사의 중심임을 고백할 수 있다. 기준이 사람이 아니라 하나님이 되신다. 하나님은 나를 향한 놀라운 계획과 뜻이 있다. 그래서 하나님을 바라보며(신앙) 신뢰하고 앙망하는 신앙을 회복할 때 인생의 참된 목적을 발견할 수 있다. 인생의 목적은 하나님을 하나님 되게 하는 것이다. 특히 구원은 인간이 주도하는 행위나 공로로 절대 이룰 수 없다. **인간의 구원은 철저히 하나님의 주권적인 은혜로 주시는 선물**이다. 내가 무언가를 내 실력으로 해내는 것이 아니라 오직 은혜로 살아가는 것이다. 그래서 율법으로부터 자유 해야 한다. 내가 죗값을 치러야 한다는 생각에서 벗어나야 한다. 율법은 하나님을 하나님 되게 하는 것이 아니다. 구원은 오로지 하나님의 행하심, 하나님의 역사하심에 달려있다. 그래서 하나님을 하나님 되게 하는 삶! 하나님을 중심으로 삼고, 그분을 목적으로 삼을 때 우리는 인생의 목적을 발견할 수 있다.

◇◇ 소그룹 모임에서 나눌 질문

신앙생활에서 하나님이 하나님 되시기 위해 새롭게 바뀌어야 할 부분은 무엇인가?

1. 내 삶에서 개혁되어야 하는 것이 무엇인지를 스스로 고민해보자.

2. '하나님이 하나님 되시기 위해' 내가 바뀌어야 할 점은 무엇인지 나눠보자.

이번 챕터를 통해 우리의 믿음이 하나님을 향한 것인지, 아니면 사람이 세운 전통이나 역사, 몇몇 사람들에 의해 지속되고 있는지 생각해 볼 수 있었다. 하나님이 하나님 되게 하기 위해서는 내 삶이 '앎'으로 끝나면 안 된다. '앎'의 기준이 하나님이 되고 있는지 살펴보면서 나도 모르게 내가 주인 되었고, 내가 하나님 되어서 하나님을 끌고 가려는 것은 아닌지 생각해 볼 수 있어야 한다. 혹은 누군가 말해 준 대로 습관적으로 따라가면서 의무감으로 하는 것은 아닌지 성찰해야 한다.

Review

첫 번째 질문, "인생의 목적은 무엇인가?" : '오직 하나님께 영광!' (Soli Deo Gloria)

개신교는 '하나님'이라고 하고, 천주교는 '하느님'이라고 한다. 개신교는 유일신이라서 '하나님'이라고 하고, 천주교는 하늘에 계시는 분이라서 '하느님'이라고 쓰고 있다고 생각하는 분들이 있는데, 이것은 잘못된 이해다. 우리가 '하나님'이라고 할 때 이 말은 성경의 언어인 히브리어, 헬라어를 번역한 말이다. 그런데 우리나라에 기독교가 전해 내려온 것은 마태로 리치의 『천주실의』를 통해 전달되었는데 '천주'라는 말이 하늘에 계신 주님을 뜻한다. 이 말이 중국에서는 '상제'라고 번역되었고, 우리나라에서는 '천주'라고 번역해서 사용했다. 그리고 천주라는 말을 우리나라 말로 번역한 말이 '하나님 또는 하느님'이다. 그래서 이 말은 하늘을 섬겼던 우리 민족이 이제는 하늘보다 더 높으신 하느님 또는 하나님을 믿게 되었다는 의미로 사용되었고, 하나님과 하느님은 어원이 같다.

원래 하늘은 '한울'에서 나온 말인데 'ㆍ'가 한글에서 다양한 기능을 했다. '한울'이 시간이 지나면서 '하늘'로 바뀌었다. 그래서 지금 우리가 하늘이라고 표기하는 말도 예전에는 '하ᄂᆞᆯ'이라고 불렀다. 하늘의 'ㆍ'가 1933년도에 조선어학회에서 한글맞춤법 통일안을 만들면서 '·'를 없앴다. '·'를 없애 버릴 때 '·'의 발음이 'ㅏ / ㅓ / ㅜ / ㅡ'로 지역마다 발음이 다양했었다. 그래서 '·'가 탈락되면서 '하날'이라고 하는 말이 '하날 /하널/하눌/하늘' 이라는 여러 가지 말로 바뀐 것이다. 그런데 이것이 서울을 중심으로 한 남한 지방에서는 '하늘'이라는 말로 표준화되었다. '·'가 탈락되면서 'ㅡ'가 되어서 '하늘'이 되었고, 하늘님에서 'ㄹ'이 탈락되어 하느님이 된 것이다. 그래서 '하느님'이 우리나라 표준말이 되었다.

애국가를 부를 때에도 "하느님이 보우하사"라고 부른다. 그래서 개신교를 제외한 천주교와 정교회 등 모든 기독교에서는 '하느님'이라고 부른다. 표준어이기 때문이다. 그럼 왜 개신교는 '하나님'인가? '하ᄂᆞᆯ'이라고 하는 말은 평안도 사투리이다. '하날'의 '·'가 탈락하면서 'ㅏ' 되었다. 하날님이 되면서 'ㄹ' 이 탈락하여 '하나님'이 된 것이다. 그래서 하느님과 하나님은 의미에는 차이가 없다. 북한이냐? 남한이냐? 어디에서 정착 됐느냐에 따라서 이 말의 쓰임이 달라진 것이다. 특히 개신교는 평양을 중심으로 발전하면서 평양 대부흥 운동 때 신앙이 자리 잡았기 때문에 평안도, 함경도 사투리가 '하나님'이 된 것이고, 천주교는 남한인 서울을 중심으로 발전했기 때문에 '하느님'이 된 것이다.

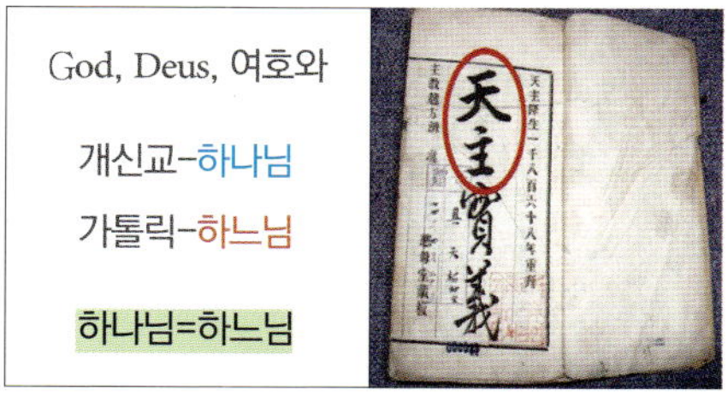

| 마테오리치 〈천주실의〉

1911년도 대영성서공회에서 발간된 『성경전서』를 보면 철자법이 완성되기 전이었고, 창세기를 보면 '하ᄂᆞ님이 천지를.'이라고 되어 있다. 이때(1911년)까지만 해도 '·'가 살아 있었다. 그런데 1938년도 개역 성경을 보

면 '하나님'이라고 표기되어 있다. 1933년도 이후로 변경된 것이다. 그런데 이것이 무엇을 따라 변경되었는가? '뎌희'(=저희), '말삼'(=말씀)은 이북 말(사투리)이다. 그래서 하나님이라는 말도 하느님이라는 말과 같은 말인데 북한 평안도 사투리를 따라서 하나님이라고 된 것을 알 수 있다.

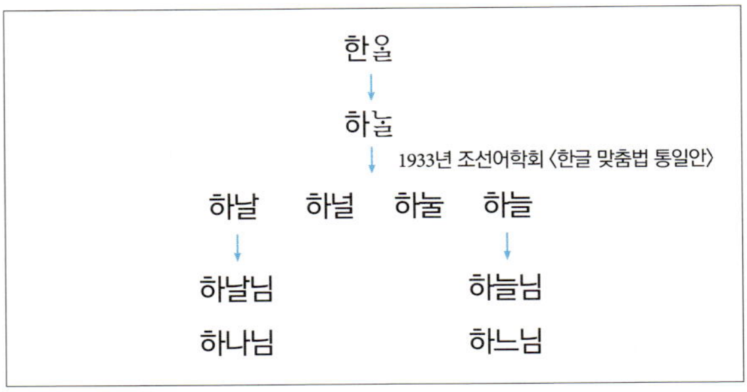

마찬가지로 '하나님과 하느님은 같은 말'이다. 애국가 부를 때 "하느님이 보우하사~~"하면 잘못 부르는 것 같고, 왠지 천주교는 이단인 것 같은 생각이 들겠지만, 이단 아니다. 하느님이라고 불러도 같은 분이다. 지역의 차이일 뿐이다.

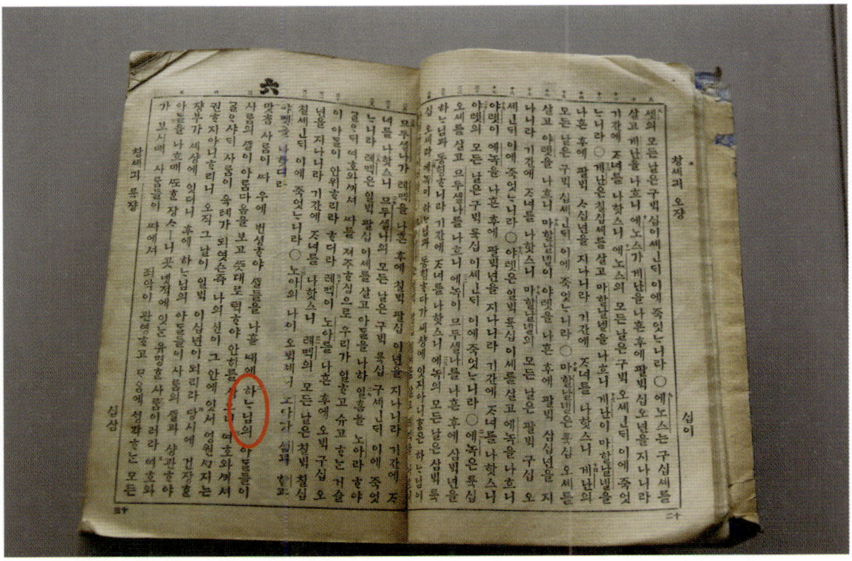

| 대한성서공회에 있는 일제강점기의 성경/국가등록문화재 제671호(2016년 12월 15일 지정)

"

내 삶의

기준은

무엇인가?

"

여러분은 삶의 기준을 어디에 두는가? 우리가 흔히 '잘 산다', '못 산다'라고 할 때 어떤 기준으로 판단을 내리는가? 일반적으로 돈이 많으면 잘 산다, 돈이 없으면 못 산다고 생각한다. 그런데 이게 맞는 말일까? 간혹 어떤 사람은 '양심'을 기준으로 삼고 살아간다. 또 다른 사람은 '상식적'으로 살아야 한다고 말한다. 그리고 어떤 사람은 '인격'이라 여긴다. 이처럼 우리의 삶에는 각자의 기준이 있다. 그런데 다양한 기준 중에서 각자 일리가 있는 기준을 제외하고, 진리라고 할 수 있는 기준이 있는지를 생각해 보자.

루터는 "내 삶의 기준은 무엇인가?"라는 질문을 통해 인간이 살아갈 최고의 규범이 무엇이 되어야 하는지를 생각하게 한다. 특히 이 질문은 종교개혁이 일어난 가장 중요한 이유 중의 하나이다. 종교개혁이 된 교회는 무엇을 기준으로 살아갈 것인가? 기준이 무엇인지에 따라 목적이 달라지며, 삶을 대하는 태도와 방식도 달라진다.

1

종교개혁의 근본정신

교회가 하나님의 뜻에 대한 무지와 편견에서 깨어나는 것 ⇒ 계시의 올바른 습득과 이해

너무 높으면? 율법주의로 전락 → 포기

너무 낮으면? 낙관주의에 빠짐 → 방종

종교개혁 이전에 교회는 성경을 독점하고 마음대로 해석된 내용만을 전하여 왜곡을 일삼았다.

기준에는 항상 기준을 삼는 준거가 있다. 신앙의 기준은 무엇인가? 신앙의 근원은 하나님이시다. 신앙은 하나님의 뜻을 아는 것으로부터 시작된다. 이것은 매우 중요한 일이다. 하나님을 믿는다고 하면서 하나님의 뜻을 모른다는 것은 불행한 일이다. 그런데 하나님의 뜻은 무엇인가? 그리고 그 뜻을 어떻게 지켜야 한단 말인가? 하나님의 뜻이 너무 높거나 낮으면 인생의 기준도 잘못된다.

어떤 사람은 하나님의 뜻을 높이 두고 삶을 맞추라고 한다. 이것이 잘

못 오용되어 율법주의를 낳는다. 기준을 높게 잡으면 아예 시작조차 할 마음을 갖지 못한다. 예를 들어 어떤 사람은 성경을 자기 나이만큼 읽어야 한다고 말한다. 어떤 의도에서 이렇게 말하는지 이해는 하지만 자기 나이만큼 성경을 읽으라고 하면 일은 언제하고, 밥은 언제 먹고, 잠은 언제 잔단 말인가? 어떤 분들은 기도를 하루에 3시간씩 해야 한다고 말한다. 사역자들은 5시간, 6시간씩 기도해야 한다고 한다. 그런데 실제로 그렇게 해보면 과연 가능할까? 아마 목회도, 설교도, 심방도 모두 불가능할 것이다.

부모님이 자녀에게 너무 높은 기준(예:공부는 몇 등급 받아야 하고, 선생님께는 얼마큼 칭찬받아야 하고, 친구들은 몇 명 있어야 하고, 교회에서도 인정받아야 하고)을 강조하면 자녀들은 도망가고 포기하게 된다. 반대로 기준이 낮으면 낙관주의에 빠진다. 낙관주의는 삶을 방종하게 만든다. "될 대로 돼라. 그냥 아무렇게나 살아. 우리가 어차피 다 약하고 죄인인데 어쩔 수 없지." 이런 말들을 교회에서 들어본 적 있지 않은가? 마치 '모 아니면 도'라는 식으로 삶을 사는 사람들이 있다.

그러면 왜 이런 태도를 보일까? 결정적인 이유는 하나님의 뜻을 모르기 때문이다. 중세교회는 하나님의 뜻을 모르기 때문에 무지와 편견에 사로잡혔다. 그들은 성경이 자신들의 손에 있지 않았고, 성경을 누군가가 해석해 주는 대로만 들어야 했고 그 해석이 맞는지 검증할 수 없었다. 당시 성경의 언어는 히브리어, 헬라어, 라틴어로 되어 있었다. 그런데 이 성경의 언어들이 사용하지 않는 사어(死語)였다. 그러니 사제들과 신학자들만이 아는 언어라서 성도들은 달리 확인할 방법이 없었다. 그리고 루터가 95개 조 반박문을 게시한 후, 루터는 목숨을 지키고자 바르트부르크성에 숨어 지내면서 성경을 번역하기 시작한다.

| 바르트부르크성

◇◇ 바르트부르크성에 도망간 루터

바르트부르크성은 천혜의 요새이다. 1517년 루터가 95개 조 반박문을 게시한다. 그러자 교황이 처음에는 이를 무시했다가 점점 일이 커지자 4년 후에 보름스 제국의회를 연다. 여기서 교황이 루터에게 제국 추방령을 내린다. 제국 추방령은 사형선고와 마찬가지다. 루터를 싫어하고 시기하는 교회의 사제들은 누구든 루터를 죽여도 죄가 되지 않는다고 했다. 그래서 보름스 제국회의를 마치고 나오던 루터는 납치당한다. 그런데 이것은 루터의 편이었던 프리드리히 선제후라는 사람이 루터를 빼내서 바르트부르크성에 숨겨 주기 위한 작전이었다. 파리 목숨과 같던 루터는 바르트부르크성에 숨어서 목숨을 지키게 된다.

그런데 이 성은 사방이 모두 숲이어서 사람이 있을 거란 생각을 하지 못했다. 이 외딴 성에 루터가 숨어 지냈는데 여기서 하나님의 역사가 일어난다. 그동안 루터는 95개 조 반박문을 제시한 뒤로 너무나 바쁘게 지냈다. 왜 교회가 새로워져야 하는지, 개혁해야 하는지를 설명하느라 바쁘게 지냈다. 그러나 성에 숨은 후에는 '융커 요르크'라는 이름으로 위장하고 성경을 번역하기 시작한다.

| 성 내부에 있는 루터의 방

루터가 이 방에서 성경을 번역했다. 책상 하나만 있고 벽에는 잉크 자국이 있는데 사람들이 다 뜯어가서 잘 보이지도 않는다. 전해지는 이야기에 따르면, 루터가 성경을 번역할 때 사탄의 방해가 심했다고 한다. 성경 쓰는 작업이 너무나 고통스러워서 "야, 마귀야 물러가라."고 하면서 벽에 잉크를 던졌는데, 후에 성물에 대해 굉장한 숭배 사상을 가졌던 가톨릭 사람들이 와서 잉크 묻은 자국을 다 떼어갔다. 루터가 손을 댄 것은 다 뜯어 가져갔다. 그래서 지금 이 방에 있는 것은 새로 장만한 것들이다.

◇◇ 9월 성경

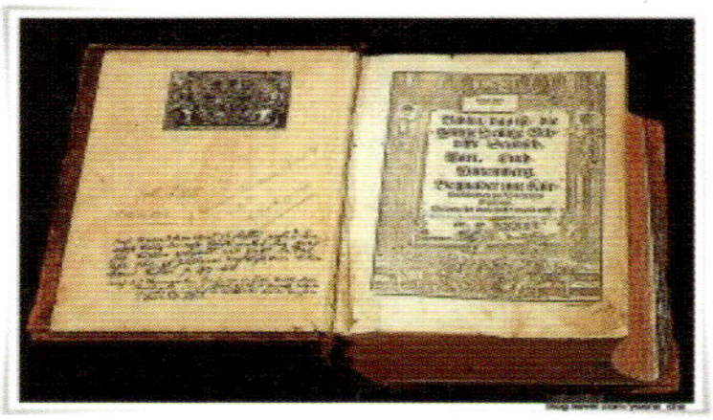
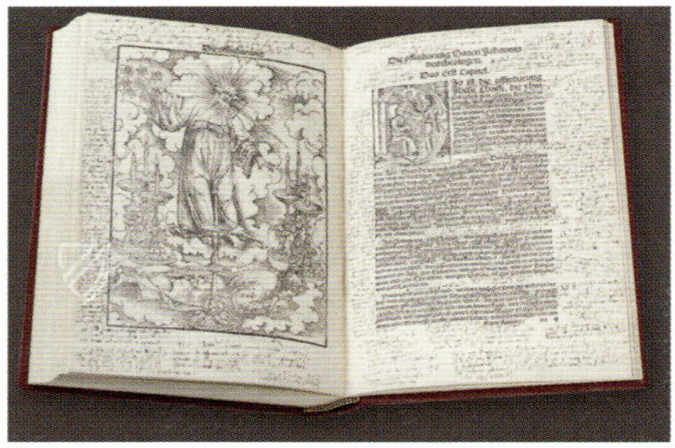

루터는 이 방에서 외롭게 성경을 번역했다. 지금은 없지만, 그 당시에는 언제 자객이 들어와서 목숨을 앗아갈지 몰라서 옆에 장검을 두고 성경을 번역했다고 한다. 그리고 성에 들어간 지 1년 만에 성경이 번역되어 나왔다. 신약만 번역된 독일 최초의 성경이 이때 나왔다. 그리고 1522년 9월에 나왔기 때문에 '9월 성경'이라 부른다.

9월 성경은 독일어로 번역된 성경이었는데 초판을 3천 부를 찍었다. 그런데 그달에 다 팔렸다. 독일 사람들은 성경의 내용이 몹시 궁금했다. 지금껏 '그렇다더라'만 듣다가 번역된 진짜 성경책이 출판되자마자 3천 부가 다 팔리게 되었고 12년 후 1534년에 신구약 독일어 성경 완역판이 나오게 되었다.

그리고 1622년까지 신구약 85판을 찍었다. 그냥 똑같이 찍은 게 아니라 매번 개정판으로 찍었다. 조금 더 쉽게, 조금 더 이해할 수 있게, 쉽게 읽을 수 있는 독일어로 만들어졌다. 당시 독일 언어는 사투리가 아주 많았고, 각양각색이었는데 이때 통일이 된다.

◇◇ 루터 당시의 화폐단위

굴덴(Gulden)은 루터가 살던 당시의 독일 화폐단위다. 1굴덴은 노동자의 2~3주 주급이다. 우리나라 돈으로 1굴덴을 환산하면 약 100만 원 정도이다. 당시 필사본 한 세트를 사려면 대략 500굴덴 정도 했었다. 500굴덴을 지금 돈으로 환산하면 5억 원이다. 5억 원짜리 성경! 너무 비쌌기 때문에 일반 사람들은 사지도 못했고 교회도 성경은 한 권도 없었다.

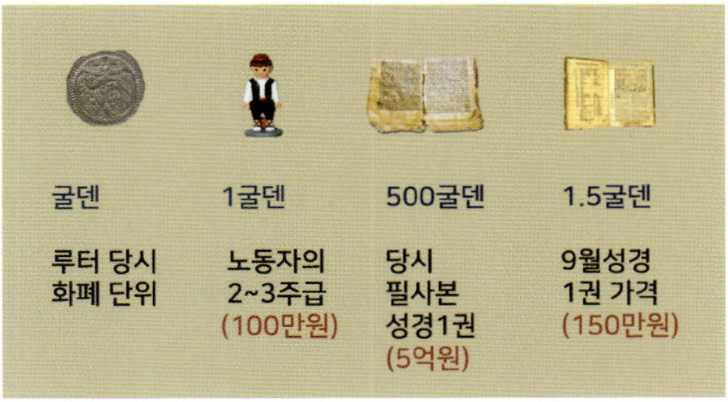

그렇다면 사제들은 어떻게 설교하고 가르쳤을까? 이들도 성경이 없었다. 교황이 성경을 해석해 주면 사제들은 그것을 듣고, 또한 윗사람들에게 들어서 '그렇다더라' 하면서 가르쳤다. 그런데 9월 성경 1권 가격은 1.5굴덴이었다. 이것을 환산하면 150만 원 (한 달 월급 정도)이다. 가격이 상대적으로 저렴해서 9월 한 달에 3천 부가 완판될 수 있었다. 그런데 어떻게 5억 원짜리 성경을 150만 원에 판매할 수 있었을까?

바르트부르크에 갔을 때 루터 당시의 인쇄 기술을 보았다. 당시에 놀라운 것은 루터가 성경을 번역할 때 하나님의 놀라운 은혜가 일어나는데 하나님께서 구텐베르크(Gutenberg)를 통해 금속 활자를 발명하게 도우셔서 당시 성경을 다량 인쇄할 수 있는 촉발이 일어나게 됐다. 그래서 목판화와는 달리 아무리 찍어도 똑같이 나오는 금속 판화로 3천 부를 찍을 수 있게 되었다. 아래 그림은 16세기 종교개혁 당시 금속인쇄 기술을 재연해서 만든 기구로 찍어낸 바르트부르크성의 전경과 당시 루터가 위장한 신분인 융커 요르크의 모습으로 변장한 모습을 찍은 판화이다.

| 루터 당시의 금속 판화 기술

◇◇ 성경읽기

"이 때부터 예수께서 비로소 전파하여 이르시되 회개하라 천국이 가까이 왔느니라 하시더라" (마태복음 4:17)

이것은 예수님께서 외치신 첫 가르침이자 천국에 갈 수 있는 조건을 알리신 선포이다. '회개하라'라는 말씀이 왜 중요한가? 예수님이 사역을 시작하시면서 하신 첫 외침이며 첫 가르침이다. 하나님의 아들 메시아가 처음 입을 열어 말씀하신 것이 바로 '회개하라'라는 말이었다.

또한 '천국이 가까이 왔다'는 말씀은 천국에 들어가자는 말이다. 회개는 천국에 들어갈 수 있는 조건이 된다. 예수님이 제시하신 천국 가는 기준은 회개이다. 그런데 가톨릭은 '회개하라'를 '죗값을 치러라'라고 번역하였다. 그리고 우리는 모두 죄인이기 때문에 죗값을 치러야 한다고 가르쳤다. 인간은 누구나 죄를 지으면 죄의식이 생긴다. 이런 인간에게 벌을 받아야 한다고 가르치는 것은 인간이 이해하기에 적합한 것처럼 느껴진다.

그래서 교회에서 사제들이 죗값을 해결하라고 선포하니까 사람들은 평생을 죗값을 갚으며 살았다. 그런데 죗값을 갚아야 하는데 무엇을 어떻게 갚을 것인가? 삶의 기준이 사제에게 있으니까 사제가 정해준대로 고해성사해야 했다. 평생 고해성사하고 보속으로 죗값을 치러야 한다고 생각했다.

◇◇ 보속과 회개

가톨릭 : 해석의 권위를 가진 사제들이 이 본문을 "죗값을 치러라"로 해석해서 가르침으로 인해 일반 신자들이 평생 고해성사와 보속의 짐을 지고 가도록 왜곡함.

고해성사는 사제에게 죄를 고백하고 그 죄에 대해 얼마를 갚으라는 내 죗값을 사제로부터 받아오는 것이다. 이것이 보속(satisfaction)이다. 보속은 내가 하나님께 죄를 지었기 때문에 벌을 받아야 하며, 그 벌을 해결하는 것이 바로 보속이다. 그렇기에 가톨릭은 평생 고해성사와 보속을 반복한다.

그런데 더 중요한 점은 고해성사하고 나서 "얼마의 돈을 내세요. 기도문을 외우세요. 선행하세요."라고 사제가 보속을 주면 사람들은 나의 죄가 사라졌다고 믿는다는 것이다. 그리고 죄 없는 사람이 되어 깨끗하게 살다가 또다시 죄를 짓고 찾아온다.

개신교인들도 내가 죄인이라는 기본적인 의식은 가지고 있다. 그런데 기독교의 교리로 죄인은 '용서받은 죄인'이다. 예수님께서 나를 위해 대신 값을 치러주신 보혈의 은혜로 죄는 씻어졌지만 그래도 무언가 부족하고 연약하다고 생각한다. 내가 죄의 값을 치르기 위해 한 일이 아무것도 없으므로 그렇다.

그러나 가톨릭에서는 고해성사하고 보속을 하면 인간에게 있는 죄책감이 사라진다. 죄인이 아닌 것처럼 마음이 가볍다. 보속을 하고 나면 그때부터는 나의 목적과 야망을 위해서 또다시 마음껏 살아도 되는 것 같다. 왜 그럴까? 내가 보속을 다 지켰기 때문이다. 그리고 이제 더는 죄인이 아니라 생각한다.

그런데 한번 다시 생각해보자. 예수님의 십자가가 우리에게는 아무 소용이 없는 것인가? 내 죗값을 위해 내가 돈을 냈고, 내가 헌금했고, 내가 봉사했고, 내가 선행 베풀었고, 내가 기도문을 외웠고, 금식했다. 여기에는 '내가 다 했다'라는 공로가 있다. 내가 죗값을 다 치렀다는 성취감도 있다. 그래서 또 죄를 짓고 난 후, 다시 가서 고해성사하고 보속을 하는 게 불편하지 않았다.

그러나 루터는 '회개'라는 헬라어 '메타노이아'(metanoia)**를 있는 그대로 해석했다. 회개는 삶의 방향을 전환해 예수님께로 돌아오는 내면적 결단에서 시작되는 전인적인 회개이다.**

루터는 회개를 원문 그대로 해석했다. 회개를 뜻하는 '메타노이아'는 '죗값을 치러라'는 말이 아니라는 것이다. 이 말은 사제들이 만들어 낸 말이다. 그들은 왜 죗값을 치르라고 해석했을까? 여기에는 고해성사와 보속을 하게 하려는 의도가 있다.

그러나 원문의 원래 뜻은 무엇인가? 메타노이아는 '삶의 방향을 전환한다. 방향을 돌리다.'라는 뜻이다. 내 욕심을 향해 걸어가던 발걸음을 멈추고, 주님을 향해 방향을 전환하는 것이 회개의 원래적 의미이다. 그래서 회개는 죗값을 갚으라고 할 수 없다. 인간은 스스로 죗값을 못 갚는 존재임을 인정해야 한다. 내 길을 포기하며 예수님께로 돌아서는 것이다. 그런데 회개는 내면의 결단에서 외형적인 삶의 열매로 이어지기 때문에 전인적인 회개라는 것이다.

이때부터 루터도 말씀 앞에서 내려놓기 시작했다. 권위 밑에서 주어지던 말씀을 내려놓았다. 사제로서 선포하던 것들을 포기하기 시작한다. 그리고 우리에게 하나님이 주신 성경 그대로 돌아가 "원문으로 돌아가자! 원래 뜻대로 돌아가자! 성경을 알고 성경을 있는 그대로 전하자!"라고 선포하기 시작했다.

나 스스로는 죗값을 갚지 못한다는 것을 인정하고, 내 길을 포기하며 내면적 결단을 통해 예수님 길로 방향을 전환하고 반드시 외형적인 내 삶의 열매가 맺어지는 것.

Amore et studio elucidande veritatis: hec subscripta disputabūtur Wittenberge. Presidente R. P. Martino Luther: Artiū et S. Theologie Magistro: eiusdemq̄ ibidem lectore Ordinario. Quare petit: vt qui non possunt verbis presentes nobiscū disceptare: agant id literis absentes. In noīe dñi nostri hiesu chr̄i. Amē.

¶ Dominus et magister nr̄ Jesus chr̄s dicendo. Penitentiā agite. ꝛc. omnē vitam fideliū penitentiam esse voluit.
¶ Qd' verbū de penitētia sacramentali (id est confessiōis et satisfactiōis que sacerdotum ministerio celebratur) non pōt intelligi.
¶ Non tñ solam intendit interiorē: immo interior nulla est, nisi foris operetur varias carnis mortificationes.
¶ Manet itaq̄ pena donec manet odiū sui (id est penitentia vera intus) scʒ vsq̄ ad introitum regni celoꝝ.
¶ Papa nō vult nec pōt vllas penas remittere, pter eas: quas arbitrio vel suo vel canonum imposuit.
¶ Papa nō pōt remittere vllā culpā nisi declarando et approbando remissam a deo. Aut certe remittendo casus reseruatos sibi: quib' ptēptis culpa prorsus remaneret.
¶ Nulli prorsus remittit deus culpā: quin simul eū subijciat: humiliatū in omnibus: sacerdoti suo vicario.
¶ Canones penitētiales solū viuētibus sunt impositi, nihilq̄ morituris fm eosdē em debet imponi.
¶ Inde bñ nobis facit spūsctūs in papa, excipiendo in suis decretis sp articulū mortis et necessitatis.
¶ Indocte et male faciūt sacerdotes ij: qui morituris pñias canonicas in purgatoriū reseruant.
¶ Zizania illa de mutanda pena Canonica in penam purgatorij, videnť certe dormientibus episcopis seminata.
¶ Olim pene canonice nō post: sed ante absolutionem imponebantur: tanq̄ tentamenta vere contritionis.
¶ Morituri: p mortē omnia soluunt, et legibus canonū mortui iam sunt habentes iure earum relaxationem.
¶ Imꝑfecta sanitas seu charitas morituri: necessario secum fert magnū timorem: tantoq̄ maiorem: quāto minor fuerit ipsa.
¶ Hic timor et horror: satis est, se solo (vt alia taceā) facere penā purgatorij: cum sit ꝓximus desperatiōis horrori.
¶ Videnť infernus: purgatoriū: celum differre: sicut desperatio: ꝓpe desperatio, securitas differunt.
¶ Necessariū videť aīab' in purgatorio: sicut minui horrorē, ita augeri charitatem.
¶ Nec ꝓbatum videť vllis: aut rōnibus aut scripturis, q̄ sint extra statum meriti seu agende charitatis.
¶ Nec hoc ꝓbatū esse videť: q̄ sint de sua btitudine certe et secure saltē oēs, licʒ nos certissimi simus.
¶ Igitur papa p remissionē plenariā oīm penaꝝ, nō simpliciter oīm, intelligit: sed a seipso tantūmodo impositaꝝ.
¶ Errant itaq̄ indulgētiarū ꝑdicatores, ij: qui dicūt per pape indulgētias: hoiem ab omi pena solui et saluari.
¶ Quin nullā remittit aīabus in purgatorio: quā in hac vita debuissent fm Canones soluere.
¶ Si remissio vlla oīm oīno penaꝝ: pōt alicui dari, certū est eā nō nisi ꝑfectissimis, i. paucissimis dari.
¶ Falli ob id necesse est: maiorē partē popli: per indifferentē illā et magnificam pene solute ꝓmissionem.
¶ Qualē ptātem hʒ papa in purgatoriū gnaliter: talem hʒ quilibet Epīscopus et Curatus in sua diocesi et parochia specialiter.
¶ Optime facit papa: q̄ nō ptāte clauis (quā nullā hʒ) sed per modū suffragij dat aīabus remissionem.
¶ Hoiem predicāt, qui statim vt iactus nummus in cistam tinnierit: euolare dicunt animā.
¶ Certū est, nūmo in cistā tinniente: augeri questū et auariciā posse, suffragium aūt eccl'ie: in arbitrio dei soli' est.
¶ Quis scit, si oēs aīe in purgatorio velint redimi, sicut de s. Seuerino et paschali factū narratur.
¶ Nullus est securus de veritate sue cōtritiōis, multominus de cōsecutione plenarie remissionis.
¶ Q' rar' est ꝟe penitēs: tā rar' est ꝟe indulgētias redimēs, i. rarissim'.
¶ Dānabunť ineternū cū suis mgrīs: qui p lr̄as veniaꝝ securos sese credunt de sua salute.
¶ Cauendi sunt nimis: qui dicūt venias illas Pape: donū esse illud dei inestimabile: quo reconciliať homo deo.
¶ Gratie enī ille veniales: tantū respiciunt penas satisfactiōis sacramētalis ab homie constitutas.
¶ Non christiana predicant: qui docent, q̄ redemptoris aīas vel cōfessionalia: nō sit necessaria contritio.
¶ Quilibet christianus vere cōpunctus: hʒ remissionē plenariā: a pena et culpa, etiam sine lr̄is veniaꝝ sibi deditā.
¶ Quilibet verus christianus: siue viuus siue mortu': hʒ participationē oīm bonoꝝ Chr̄i et Ecclesie, etiā sine lr̄is veniaꝝ a deo sibi datam.
¶ Remissio tñ et participatio Pape: nullo mō est ptemnēda, q: (vt dixi) est declaratio remissionis diuine.
¶ Difficilimū est: etiā doctissimis Theolog' simul extollere veniaꝝ largitatem: et contritiōis veritatē coram populo.
¶ Contritiōis veritas penas querit et amat. Veniaꝝ aūt largitas relaxat: et odisse facit saltem occasione.
¶ Caute sunt venie aplice ꝑdicande, ne populus false intelligat, eas ꝑferri ceteris bonis opibus charitatis.
¶ Docendi sunt christiani, q̄ Pape mens nō est: redemptionē veniaꝝ vlla ex parte cōparandā esse opibus misericordie.
¶ Docendi sunt christiani, q̄ dans paupi: aut mutuans egenti: meli' facit: q̄ si venias redimeret.
¶ Quia p opus charitatis crescit charitas: ꝛ fit hō melior, sed p venias nō fit melior: sed tm̄modo a pena liberior.
¶ Docendi sunt chr̄iani, q̄ qui videt egenū: et neglecto eo, dat p venijs nō indulgētias Pape: sed indignationē dei sibi vendicat.
¶ Docendi sunt chr̄iani: q̄ nisi supfluis abundent: necessaria tenenť domui sue retinere: et nequaq̄ ꝓpter venias effundere.
¶ Docendi sunt christiani, q̄ redemptio veniarū est libera: nō precepta.
¶ Docēdi sunt chr̄iani, q̄ Papa sicut magis eget: ita magis optat in venijs dandis p se deuotam orationem: q̄ ꝓmptam pecuniam.

24 ¶ Docendi sunt christiani, q̄ venie Pape sunt vtiles: si non in eas confidant. Sed nocentissime: si timorem dei per eas amittant.
25 ¶ Docendi sunt chr̄iani, q̄ si Papa nosset exactiones venialiū ꝑdicatorum mallet Basilicā s. Petri in cineres ire: q̄ edificari cute carne ꝛ ossibus ouium suaꝝ.
1 ¶ Docendi sunt chr̄iani, q̄ Papa sicut debet ita vellet, etiam vendita (si opus sit) Basilica s. Petri: de suis pecunijs dare illis: a quorum plurimis quidā cōcionatores veniaꝝ pecuniam eliciunt.
2 ¶ Vana est fiducia salutis p lr̄as veniaꝝ, etiā si Cōmissarius: immo Papa ipse suā aīam p illis impigneraret.
3 ¶ Hostes chr̄i et Pape sunt ij: qui ꝓpter venias ꝑdicandas verbū dei in alijs ecclesijs penitus silere iubent.
4 ¶ Injuria fit verbo dei: dū in eodeʒ sermone: equale vel longius tēpus impenditur venijs q̄ illi.
5 ¶ Mens Pape necessario est, q̄ si venie (qd' minimum est) vna cāpana: vnis pompis: et ceremonijs celebranť. Euangelium (qd' maximū est) centū campanis: centū pompis: centū ceremonijs predicetť.
6 ¶ Thesauri eccl'ie vñ Papa dat indulgētias: neq̄ satis noīati sunt: neq̄ cogniti apud ppl'm christi.
7 ¶ Temporales certe nō esse patet, q̄ nō tā facile eos ꝓfundūt: sʒ tm̄mō colligunt multi concionatoꝝ.
8 ¶ Nec sunt merita Chr̄i et scroꝝ, q: hec sp sine Papa operanť grām hoīs interioris: et crucē: mortē: infernumq̄ exterioris.
9 ¶ Thesauros eccl'ie, s. Laurēti' dixit esse: paupes eccl'ie, sʒ locutus est vsu vocabuli suo tpe.
10 ¶ Sine temeritate dicim' claues eccl'ie (merito Chr̄i donatas) esse thesaurum istum.
11 ¶ Clarū est enī, q̄ ad remissionē penaꝝ et casuū sola sufficit ptās Pape.
12 ¶ Verus thesaurus eccl'ie, est sacrosctm̄ euāgelium glorie et gratie dei.
13 ¶ Hic autē est merito odiosissimus, q: ex primis facit nouissimos.
14 ¶ Thesaurus aūt indulgentiaꝝ merito est gratissimus, q: ex nouissimis facit primos.
15 ¶ Igitur thesauri Euangelici rhetia sunt: quibus olim piscabanť viros diuitiarum.
16 ¶ Thesauri indulgentiaꝝ rhetia sunt: q̄bus nūc piscanť diuitias viroꝝ.
17 ¶ Indulgētie: quas cōcionatores vociferanť maxīas grās, intelligunť vere tales quoad questum ꝓmouendum.
18 ¶ Sunt tamen re vera minime ad grām dei et crucis pietatē compate.
19 ¶ Tenenť Epī et Curati veniaꝝ aplicarū Cōmissarios cū omī reuerentia admittere.
20 ¶ Sed magis tenenť oībus oculis intendere: oībus aurib' aduertere: ne p cōmissione Pape sua illi somnia ꝑdicent.
21 ¶ Cōtra veniaꝝ aplicaꝝ ꝟitatē q̄ loquiť, sit ille anathema ꝛ maledict'.
22 ¶ Qui vero contra libidinē ac licentiā verboꝝ Cōcionatoris veniaꝝ curam agit: sit ille benedictus.
23 ¶ Sicut Papa iuste fulminat eos: qui in fraudem negocij veniarū quacunq̄ arte machinantur.
24 ¶ Multomagis fulminare intendit eos: qui p veniarū pretextū in fraudem scrē charitatis et veritatis machinanť.
25 ¶ Opinari venias papales tātas esse: vt soluere possint hoīeʒ, etiā si q̄s p impossibile dei genitricē violasset. Est insanire.
1 ¶ Dicimus contra, q̄ venie papales: nec minimū venialium pctoꝝ tollere possint quo ad culpam.
2 ¶ Q' dr̄, nec si s. Petrus modo Papa esset: maiores grās donare possʒ est blasphemia in scm̄ Petrum et Papam.
3 ¶ Dicimus contra, q̄ etiā iste et quilibet papa maiores hʒ, scʒ Euangelium: virtutes: grās curationū. ꝛc. vt i. Co. xij.
4 ¶ Dicere, Crucē armis papalibus insigniter erectā: cruci christi equivalere: blasphemia est.
5 ¶ Rationē reddent Epī: Curati: et Theologi. Qui tales sermōes in populum licere sinunt.
6 ¶ Facit hec licētiosa veniaꝝ ꝑdicatio, vt nec reuerentiā Pape facile sit: etiā doctis virꝭ redimere a calūnijs aut certe argut' q̄stiōib' laicoꝝ.
7 ¶ Scʒ. Cur papa nō euacuat purgatoriū ꝓpter scrīssimā charitateʒ et summā aīarū necessitatē: vt cām oīm iustissimā. Si infinitas aīas redimit ꝓpt pecuniā funestissimā ad structurā Basilice: vt cām leuissimā.
8 ¶ Itē. Cur pmanēt exequie et anniuersaria defunctoꝝ: et nō reddit aut recipi pmittit bñficia p illis instituta, cū iā sit iniuria p redēptꝭ orare.
9 ¶ Itē. Que illa noua pietas Dei et Pape, q̄ impio et inimico ꝓpter pecuniā ꝯcedūt: aīam piā et amicā dei redimere. Et tñ ꝓpter necessitatē ipsius met pie et dilecte aīe nō redimunt eā gratuita charitate.
10 ¶ Itē. Cur Canones pñiales re ipa et nō vsu: iā diu in semet abrogati ꝛ mortui: adhuc tñ pecunijs redimunť p ꝯcessionē indulgētiaꝝ tanq̄ viuacissimi.
11 ¶ Itē. Cur Papa cui' opes hodie sunt opulētissimis crassis crassiores: nō de suis pecunijs mag' q̄ paupm fideliū struit vnā tm̄mō Basilicā sancti Petri.
12 ¶ Item. Quid remittit aut participat Papa iis: qui p ꝯtritionē ꝑfectaʒ ius habēt plenarie remissionis et participationis.
13 ¶ Item. Quid adderet eccl'ie boni maioris. Si Papa sicut semel facit: ita cēties in die suilibʒ fideliū has remissiōes ꝛ ꝑticipatiōes tribueť.
14 ¶ Ex quo Papa salutē querit aīaꝝ p venias mag' q̄ pecunias. Cur suspendit lr̄as et venias iam olim ꝯcessas: cū sint eque efficaces.
15 ¶ Hec scrupulosissima laicoꝝ argumēta: sola ptāte opescere: nec reddita rōne diluere: Est ecclesiam et Papam hostib' ridendos exponere et infelices christianos facere.
16 ¶ Si ergo venie fm spiritū et mentē Pape ꝑdicarētur, facile illa omia soluerent: immo nō essent.
17 ¶ Valeāt itaq̄ oēs illi ꝓphe: q̄ dicūt pplo Chr̄i. Pax pax, et nō est pax.
18 ¶ Bñ agāt oēs illi ꝓphe: q̄ dicūt pplo Chr̄i. Crux crux, et non est crux.
19 ¶ Exhortandi sunt Christiani: vt caput suū ch'm per penas: mortes: infernosq̄ sequi studeant.
20 ¶ Ac sic magis p multas tribulatiōes intrare celū: q̄ p securitatē pacis confidant.

M.D.Xvij.

1517

95개조 반박문

95개조 반박문의 해석

〈95개 조 반박문〉

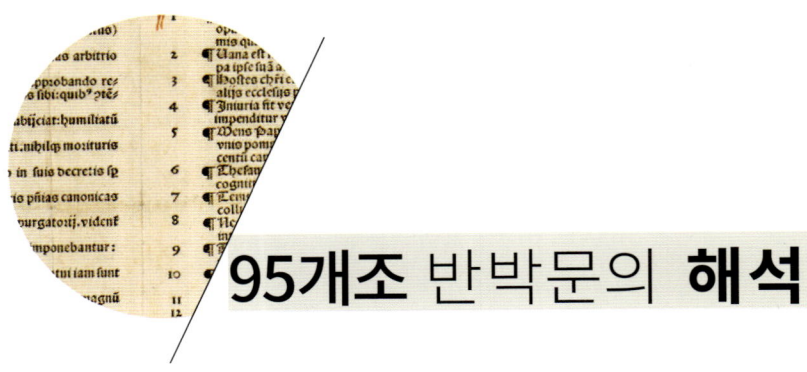

1조 : 우리 주 예수 그리스도께서 "회개하라"(마 4:17)**라고 하셨을 때, 이는 믿는 자의 삶 전체가 회개하는 삶이어야 함을 말씀한다.**

2조 : 이 말씀이 고해성사, 즉 사제에 의해 집도 되는 고백과 속죄로 이해되어서는 안 된다.

모든 사제가 "예수께서 말씀하셨습니다. 죗값을 치러라"라고 설교했지만, 루터가 번역한 성경을 읽기 시작한 성도들은 이제 성경을 보는 눈이 달라졌다. 점점 사제들의 권위도 약해지게 되었다. 이후 95개 조항은 처음에 라틴어로 쓰였다가 2주 만에 독일어로 번역해서 독일 전역과 전 유럽으로 퍼져나가게 되었다.

"이 때부터 예수께서 비로소 전파하여 이르시되 회개하라 천국이 가까이 왔느니라 하시더라" 마태복음 4:17

마태복음 4장 17절의 말씀을 '죗값을 치러라'라는 뜻으로 평생을 알고 있었는데, 루터로 인해 회개의 바른 뜻을 성도들이 알게 되었다. 즉, 예수님이 '회개하라'라고 한 것이 고해성사, 보속이 아니라는 것을 알게 되었다. 말씀을 바르게 읽기 시작하면서 독일이 일어나게 되고, 모든 유럽이 다 일어나게 되었다. 종교개혁의 불씨가 타오르는 계기는 성경을 읽으면서 시작되었다. 이처럼 성경을 볼 수 있는 식견은 매우 중요하다. 많은 교회에서 성경을 성경대로 풀고, 원어적 의미를 풀어 설명하면 사람들이 짜증 내고 지루해 한다.

성경은 우리 인생의 기준을 세우는 데 너무나 중요한 보물 중의 보물이다. 마태복음 4장 17절의 '회개하라'는 번역도 이럴진대 사제들과 교회, 그리고 권위에 의해서 얼마나 많은 성경 말씀이 잘못 해석되고 왜곡됐겠는가? 그래서 루터는 성경을 번역했고, 그 노력 덕분에 성경이 모든 사람의 손에 주어지게 되었다.

2

종교개혁의 결과 : 가려진 성경의 회복

"모든 성경은 하나님의 감동으로 된 것으로 교훈과 책망과 바르게 함과 의로 교육하기에 유익하니 이는 하나님의 사람으로 온전하게 하며 모든 선한 일을 행할 능력을 갖추게 하려 함이라. (디모데후서 3:16-17)

⇒ 성경이 하나님으로부터 비롯되었다면 그것은 사실일 수밖에 없고, 사실이라면 권위가 있을 수밖에 없다. 따라서 우리는 성경으로 충분하며 이 말씀에 온전히 복종해야 한다.

종교개혁의 결과는 가려진 성경의 회복에 있다. 그때까지 "성경은 굳이 알 필요 없어! 몰라도 된다! 우리가 해석해 주면 된다! 우리가 해석해 주는 것만 들어!"라고 생각했었다. 그런데 성경을 읽게 되면서 디모데후서 3장 16-17절의 말씀을 중요하게 다시 바라보게 되었다. "모든 성경은 하나님의 감동으로 되었다." 이것이 얼마나 소중한 말씀인가? 하나님의 감동은 하나님의 숨결이라는 것이다. 하나님이 친히 숨을 불어 넣으셔서 하나님의 존재를 심어서 써 주신 책이 성경이라는 것이다. 하나님의 존재, 정성, 사랑, 정의. 하나님의 모든 것이 압축된 책이 성경이다. 그래서 교훈과 책망과 바르게 함과 의로 교육하기에 유익하다는 것이다.

그러나 사제들은 무엇이라고 말했는가? "성경은 필요 없어. 우리가 전해주는 전통이면 충분해! 전통이 삶의 기준이야! 전통을 알면 돼! 사제가 알려 주면 돼!"라고 가르쳤다. 그러나 성경은 다른 것이 아니라 성경 자체가 우리를 하나님의 사람으로 온전하게 만든다고 말씀한다. 그리고 모든 선한 일을 행할 능력을 갖추게 한다. 이것이 무슨 뜻인가? 성경으로 충분하다는 것이다. 성경은 성경 자체로 충분하고, 성경은 성경 자체로 우리를 하나님의 사람 되게 하는 데 전혀 부족함이 없다. 이것이 루터가 발견한 성경의 가치였다. 성경을 꼭 누가 해석해 주거나 풀어주어야 하는 것이 아니다. 성경은 성경 자체에 하나님의 숨결이 들어 있다. 그러므로 누구나 읽을 수 있고, 해석할 수 있는 책이다.

그러면 오늘날 목회자들이 왜 있는지 궁금할 수 있다. 목회자들은 왜 있는가? 목회자들은 도와주는 사람들이다. 도와주는 일은 원래 하는 사람의 옆에 보조의 역할이다. 성경을 읽다가 모르면 목회자들이 도와줄 수 있다. 목회자들은 성도들이 잘못된 가르침에 빠지지 않도록, 신앙을 훈련할 수 있도록 도와준다. 설교의 가장 핵심은 '성언운반일념'(聖言運搬一念)이다. 목사, 설교자들은 성언 즉, 거룩한 말씀을 운반하는 자들이다. 설교자의 정체성은 성언운반자(聖言運搬者)이다. 그래서 말씀을 마음대로 꾸미거나 첨부하거나 빼지 말아야 한다. 설교자는 하나님의 말씀을 운반하는 자이기 때문이다.

예수님께서 우리에게 '회개하라'라고 하셨으면 그대로 전해야 한다. 그런데 이것을 마음대로 해석해서 '죗값을 치러라'라는 식으로 사람들에게 부담을 주고, 말씀을 조작하면 안 된다. 있는 그대로 말씀을 전해야 한다. 세상 이야기나 정치, 성공 등의 이야기를 할 필요가 없다. 성언운반일념을 위해 신학을 공부하고, 연구하고, 주석을 보고, 공부해야 한다.

그러나 안타깝게도 많은 목회자들이 강단에서 성경을 설교하지 않는다. 세상 이야기를 전하고, 정치 이야기나 성공을 이야기하다가 끝낸다. 하나님 아버지의 마음이 어떠할까? 누군가가 해석해 주는 대로 따라가는 신앙은 한 명이 무너지면 같이 무너질 수밖에 없다. 그러나 성경을 바탕으로 한 신앙은 절대로 넘어지지 않는다.

성경이 하나님으로부터 비롯되었다면, 하나님의 숨결이고, 감동이며, 하나님의 것이라면 성경은 사실일 수밖에 없다. 권위가 성경에 있을 수밖에 없다! 그러므로 우리는 성경만으로 충분하다. 이 말씀에 온전히 복종해야 한다. 이것이 개혁교회의 고백이다. 그 어떤 것도 우리에게는 필요하지 않다. 일리는 있겠지만 진리는 아니다. 그래서 우리는 성경으로 충분하고, 이 말씀에 온전히 복종하는 사람들이어야 한다. 이것이 개혁된 교회의 가장 핵심적인 고백이다.

루터의 손에는 항상 성경을 쥐고 있다. 사제의 손에는 누구도 성경이 없지만, 루터는 항상 손에 성경을 들고 있었다. 사제는 전통과 권위(교황, 추기경, 주교)에서 내려오는 지침을 전하는 자들이고, 루터는 성경을 들고 성경을 전하기 때문에 항상 손에 성경을 들고 다녔다. 당신의 손에는 무엇이 들려있는가?

3

종교개혁의 질문 - "내 삶의 기준은 무엇인가?"

종교개혁 이전 : 교황의 권위로 해석하고 교회가 인정하여 성도들에게 부여하는 교리

종교개혁 이후 : "성경만이 하나님의 말씀이며, 성경이 성경을 해석한다."

교황의 권위는 교회의 권위였고, 이것은 누구도 저항할 수 없었다. 교리도 정해준 대로 외워야 했다. 질문이나 소통은 불가능했다. 하지만 종교개혁 이후에는 성경만이 하나님의 말씀이며(Sola Scriptura), 성경이 성경을 해석한다는(Scriptura Sui lpsius lnterpres) 것을 삶의 기준으로 삼았다. 우리에게 주신 하나님의 말씀인 성경이 성경을 해석한다는 말은 그 누구의 해석도 성경을 넘어설 수는 없다는 것이다. 교황, 추기경, 주교, 목사, 교수 등의 그 누구의 말도 성경을 넘어설 수 없다! 이것이 종교개혁자들이 고백하는 것이며 동시에 우리 삶의 기준이 되어야 한다.

◇◇ 결론

성경은 유일한 하나님의 말씀이며, 우리의 신앙과 행위에 대한 최고의 규범이다. 또한 성경은 하나님의 자기계시이자 구원의 계시이다.

성경은 유일한 하나님의 말씀이다. 유일하다는 것은 성경 외에는 없다는 것이며 성경만으로 충분하다는 뜻이다. 유일한 하나님의 말씀 외에 그 어떤 전통도 우리를 하나님께로 이끌 수 없다. 성경은 우리의 신앙과 행위에 대해서 최고의 규범이다. 그리고 우리는 성경을 통해 나타난 하나님을 알 수 있다. 그런데 하나님의 뜻이 너무 높으면 율법 주위로 가서 포기하게 되고, 너무 낮으면 낙관주의로 빠져서 방종하게 된다. 하나님의 뜻! 그것이 어디에 있나? 하나님을 알 수 있는 지식은 성경에 있다. 죄인이 구원을 얻을 수 있는 길을 발견할 수 있다.

또한 성경은 하나님의 자기 계시이자 구원의 계시이다. 성경은 하나님이 미천한 우리에게 자기를 열어 보여주시는 자기 계시이다. 동시에 성경은 우리가 구원을 향해 나아갈 수 있는 구원의 계시이다. 개혁된 교회의 핵심은 성경이며, 내 삶의 기준도 성경이다. 성경이 선포되는 말씀의 자리를 귀하게 여기고, 성경을 묵상하는 큐티의 시간을 소중히 여겨야 하고, 성경에 관해서 이야기를 나누는 시간을 두려워 할 필요가 없다.

◇◇ 소그룹 모임에서 나눌 질문

삶의 기준이 오직 성경이 되기 위해서 나는 이제 어떻게 성경을 마주할 것인가?

1. 삶의 기준이 오직 성경이라면 나는 이 성경을 내 삶의 기준으로 삼기 위해 어떻게 성경을 대하고, 어떻게 성경을 읽을 것인지 나누어 보자.

2. 어떻게 설교 시간에 성경을 만날 것인지 생각해보자.

3. 설교와 묵상과 성경 읽기에 어떠한 마음과 태도로 임할 것인지 나누어 보자.

잘 살고 못사는 기준이 세상에 있지 않다. 사람들의 말도 아니고 전통도 아니다. 오직 하나! 하나님 말씀을 가까이하고, 이 말씀의 권위를 인정하고, 이 말씀을 내 가슴에 품고 내 자녀에게 말씀을 전하고, 내 이웃에게 복음을 들고 나가고, 말씀 따라 새겨진 기준대로 살아가자. 성도의 삶의 기준은 성경에 있다.

Review

두 번째 질문, "내 삶의 기준은 무엇인가?" : 오직 성경!(Sola Scriptura)

중세에는 성경이 우리 손에 있을 수 없었다. 그런데 루터가 과감하게 성경의 언어를 자국어인 독일어로 번역하고, 구텐베르크를 통해서 활자로 인쇄 보급되면서 누구나 성경을 구매할 수 있게 되었다. 또한 루터는 항상 손에 성경을 쥐고 있었다. 그의 그림이나 동상을 보면 그는 항상 손에 성경을 가지고 다녔음을 볼 수 있다. 이것은 루터가 가장 중요하게 생각하는 것이 무엇인지를 보여준다. 개신교와 가톨릭의 차이는 무엇인가? 성경을 펴놓고 설교하면 개신교이고, 성경 없이 설교하면 가톨릭이다. 가톨릭의 제단은 굉장히 호화롭고 권위를 상징하지만, 개신교는 단순하다. 그리고 그림에 보면 개신교는 항상 시계를 놓고 시간을 맞춰서 하는데, 가톨릭은 시계를 뒤로 놓고 마음대로 한다.

이 그림을 보면 또 하나 중요한 차이점이 있다. 가톨릭은 저울에 자꾸만 무언가를 쌓고 쌓는다. 전통을 쌓고 보물을 쌓는다. 그러나 반대편에는 성경 한 권만 있다. 그런데도 성경이 훨씬 더 무거워서 기울어진다. 이 그림은 성경의 권위를 강조한 당시의 판화 작품이다. 아무리 전통을 주장하고, 훌륭한 성인과 성자들을 주장해도 성경이 훨씬 더 귀하다는 것을 나타내는 상징적인 그림이다. 오늘날 우리도 화려해 보이는 것, 우리 눈을 빼앗는 것이 있어도 성경보다 높지 않다. 성경을 읽고, 성경을 깨닫고, 성경을 연구하는 시간이 우리에게 굉장히 중요한 이유는 이 때문이다.

2003년에 개봉한 〈루터〉라고 하는 영화가 있다. 로마를 처음 방문한 루터가 굉장히 당황하는 모습이 나오는데, 바로 면죄부를 팔고, 또 로마의 거룩한 계단을 무릎으로 기어오르는 장면에서다. 돈을 주고 망자의 이름을 알려주고 면죄부를 사서 무릎으로 계단을 올라간다. 이렇게 무릎으로 계단을 오르면 "너의 할아버지는 연옥에서 풀려나서 천국으로 올라간다"라는 말을 듣는다. 이러한 믿음을 가지고 로마에 갔던 수많은 사람이 미신적인 믿음을 가지고 계단 오르기를 하면서 면죄부를 사고 교회에 돈을 바치는 모습을 봤다.

이것은 성경이 없었기 때문에 벌어진 일이다. 성경을 읽지 못하기 때문에, 그리고 하나님의 은혜를 알지 못하기 때문에 잘못된 모습으로 고행했다. '내가 괴로움을 당하면 하나님이 나를 봐주지 않을까? 내가 무릎이 까지도록 걸으면 하나님이 나 같은 인생도 천국에 올려 주지 않을까? 내 공로로 우리 조상도 천국에 가지 않을까?' 하는 미개한 생각, 미신적인 생각을 했다. 그리고 계단 꼭대기에 올라가면 예수님을 박았던 못, 세례 요한의 어금니 등 가짜 성물들이 많이 있었다. 사람들은 처참한 삶을 살고 있는데 교회가 사람들의 헛된 소망을 이용해 배를 채우는 모습을 보고 루터는 결단한다. "이것은 아니다!" 말씀이 없이 죽어가는 인생들에 대한 마음속의 꿈틀거림을 발견하고 면죄부를 구겨서 던져버린다. 시간이 된다면 성도들과 함께 영화를 감상하는 것도 추천한다.

루터가 던진 세 번째 질문

“나는 왜 행복하지 않은가?”

◇◇

종교개혁은 내가 살아가는 현실과 상관없지 않다. 종교개혁은 학문적으로 끝난 교리이고, 역사적으로 지난 스토리가 아니다. 도리어 종교개혁은 우리의 행복과 굉장히 맞닿아 있다. 우리가 살아가는 이유는 행복을 위해서다. 내가 교회에 다니는 이유는 행복한 신앙생활을 하기 위해서이다. 일할 때도 보수만을 얻기 위해 일하지 않는다. 삶은 보람도 있어야 하고 관계의 기쁨도 있어야 한다. 그런데 과연 우리는 행복한가? 만약 행복하지 않다면 어떻게 행복해질 수 있을까? 루터는 이런 질문을 던졌다. '나는 왜 행복하지 않을까?' 루터가 한 질문은 우리 역시 중요하게 생각하는 질문이다. 루터는 과연 이 질문에 대해 어떤 답을 찾았을까?

◇◇ 개신교와 가톨릭의 차이

| Georg Pencz가 그린 개신교와 가톨릭 설교자를 비교한 그림 (1529)

개신교 설교자와 가톨릭 설교자를 비교해 놓은 그림이다. 1517년 루터가 95개 조 반박문을 붙이고 나서 12년 후인 1529년에 그려진 그림이다. 글이나 내용을 잘 모르는 사람들도 그림만 보면 개신교와 가톨릭의 차이를 이해할 수 있다.

	개신교	가톨릭
손	성경책이 있음 : 성경을 전하고 있음	성경책이 없음 : 전통만을 전함 : 세상 이야기, 철학 이야기, 내 이야기.
설교단	깔끔하고 정갈함 : 믿음에 대한 권위 : 오직 말씀에만 집중하라.	화려함 : 권위에 대한 믿음 : 사람들의 손에는 묵주 → 말씀이 없기에 무언가에 의지하고 싶은 심리
모래시계	설교자 오른편에 있음	설교자 뒤쪽으로 치워짐 : 말씀을 전하지 않기 때문에 시간을 정해놓지 않음.

경계벽	없음	중간에 벽이 있음. : 교인들을 나누는 경계(돈을 많이 낸 사람/적게 낸 사람)

중세 가톨릭 성당에 가면 좌·우측으로 조그마한 사당 같은 것이 있다. 돈 많은 사람들(귀족이나 영주들)이 돌아가신 부모님 제사를 모시는 사당을 교회 안에 만들어 놓은 것이다. 사제들이 아침에 향을 피우고 사당을 한 바퀴 돌면서 귀족이나 영주의 부모님(망자)을 위해 대신 기도하고 안부를 전한다. 지금도 유럽교회는 성주들이 앉았던 자리, 기사들이 앉았던 자리가 따로 있다. 그곳에 자기 집안의 깃발을 갖다 놓았다. 굉장히 화려하다. 가진 것이 많은 사람은 교회에서 굉장한 대우를 받았고, 가진 게 없는 사람들은 차디찬 바닥에 입을 맞추고 하나님의 은혜를 구하다가 돌아갔다. 성당은 점점 더 돈이 모이고 부자가 되고, 화려해지는 데 사회는 더 가난해지고, 병자는 더 많아지고, 사람들은 굶어 죽어가고, 점점 더 부패해져 갔다.

그런데 종교개혁은 '있는 사람과 없는 사람과의 벽'을 무너뜨렸다. 사회에서 존중받는 사람이 교회에서도 존중받는 것이 건강한 교회의 특징(sign)이다. 그래서 건강한 교회의 핵심 중 하나가 어린아이들이다. 다음 세대들이 얼마나 존중받고 있는가는 매우 중요하다. 아이들이 없는 교회는 결국 무너지게 된다. 일부 계층만이 교회를 끌고 나간다면 소외계층이 생기고, 그것 때문에 결국 교회는 무너지게 되는 것이다.

그래서 개혁교회의 특징은 어린이를 어떻게 대하는지와 관련된다. 루터가 가장 아끼는 책 중에 『소교리 문답』이 있다. 이 책은 '아이들에게 말씀을 어떻게 가르칠까?'하는 책이다. 오늘날의 공과 책과 비슷하다. 아이들에게 성경을 알려 주기 위해 십계명, 주기도문, 사도신경 등의 핵심적인 내용을 요약했다.

1

종교개혁과 인간의 행복

현대의 행복 개념은 소유에 집착하지만, 중세 시대의 행복은 존재 가치에 의해 좌우되었다.

현대인의 행복은 소유에 달려있다. 많은 사람이 소유가 행복의 전부인 것처럼 매달려 산다. 그러나 성도는 '소유'가 전부가 아니라는 것을 이미 알고 있다. 중세의 사람들은 적어도 현대인들보다 행복의 개념에 대해서 훨씬 더 지혜로웠다. 계급사회였던 중세에는 소유가 아닌 '존재'에 더 많은 가치를 두었다. 평민들은 소유 자체가 없었다. 계급이 나누어진 봉건제에서는 다른 계급으로 올라갈 수 없었고, 자기 계급끼리 살면서 서로 비교해보니 가진 것이 서로 큰 차이가 없어 비교적 박탈감도 없었다. 그래서 중세에는 소유로 행복을 찾지 않고 존재로 행복의 개념을 찾았다.

존재의 가치를 논할 때 핵심은 '내가 구원받을 수 있는 존재인가?' 하는 것이었다.

중세 사람들의 삶은 너무 힘들고 팍팍했다. 삶에 희망을 둘 수 없었다. 대부분 많은 사람은 영주를 위해 일하고, 사제에게 자기가 잘못한 죗값을 치러야 했기에 힘들었다. 먹을 것 정도를 얻기 위해 종일 일해야 했고 그나마 모인 것을 가지고 성당을 찾았다.

또한 중세 유럽은 의학이 부족했고 인간의 평균 수명도 매우 낮았다. 아이들은 태어나자마자 죽는 경우가 많았고 그렇지 않더라도 굶어 죽고, 병에 걸려 죽고, 전염병에 걸렸다. 그러다 보니 자연스럽게 현세에 소망을 두지 않고 내세에 관심을 기울이기 시작했다. 중세 사람들은 구원받았는지에 소망을 두기 시작했다. 과연 내가 천국에 갈 수 있을까? 이것이 사람들이 생각하는 행복의 기준이었다.

중세교회는 최후 심판을 강조하면서 구원받기 위한 조건을 갖출 것을 요구하였다.

그러면 중세교회는 사람들에게 내가 구원받을 수 있는 존재인지를 어떻게 가르쳤을까? 그들은 최후 심판을 강조했다. 인간이 죽으면 심판받게 되는데 그 심판에서 천국과 지옥이 결정됐다. 그래서 구원받기 위한 조건을 갖출 것을 요구했다.

14세기 중반부터 16세기 중반에 이르기까지 흑사병이 전 유럽을 강타했다. 흑사병의 유행으로 1347년부터 3년 동안 유럽 인구의 1/3이 죽었다. 흑사병이 한 번 돌면 한 마을이 사라져 버렸다. 이후로도 10차례 이상 흑사병이 강타했기 때문에 사람들은 삶의 희망이 사라지고 죽음에 대한 공포가 생겼다. 사람들은 죽음을 생각하게 되었고 대비해야 한다고 생각했다. 이때 중세교회는 죽음을 어떻게 대비하라고 가르쳤을까? 최후 심판을 강조하면서 죽음을 준비할 것을 요구했다.

Hans Memling, Last Judgment Triptych, 1467-71, 제단화(제대화)

위 그림은 1517년 종교개혁이 일어나기 직전에 교회가 성도들에게 어떻게 말씀을 전파하고, 어떻게 신앙을 전수했는가를 잘 보여주는 제단화이다. 개신교회에는 제단화가 없다. 그러나 가톨릭에는 제단화(=제대화)가 있다. 사제가 라틴어로 미사를 집례하기 때문에 95%의 성도들은 라틴어를 알아듣지 못한다. 사제가 아무리 설교를 잘해도 소용이 없다. 그래서 설교를 알아듣지 못하기 때문에 대신 제단화의 그림을 보면서 최후 심판을 이해하게 했다.

먼저, 그림의 중앙 윗부분에는 지구를 밟고 있는 예수님이 계신다. 여기서 지구는 예수님의 발밑에 놓여 있으며, 최후 심판의 날을 상징한다. 다음으로, 예수님의 왼쪽 천사의 백합화이다. 이는 천국을 상징하고, 오른쪽의 천사의 불 칼은 지옥을 상징한다. 또한 예수님 주변의 열두 사도는 교회의 질서를 나타낸다.

그런데 여기서 예수님의 중앙은 당시의 교황을 상징하고, 양쪽은 주교, 추기경, 사제를 상징한다. 그리고 제일 끝에는 마리아와 세례요한이 기도하고 있는 것을 볼 수 있다.

하지만 예수님보다 더 강조되고 있는 그림이 있는데, 예수님 아래 쪽에 위치한 저울을 들고 있는 〈미카엘 천사장〉이다. 오른쪽의 그림처럼 저울의 무거운 쪽은 천국 가는 영혼들을 상징하고 잔디밭으로 되어 있다. 그러나 반대편의 저울이 올라가는 쪽은 지옥으로 가는 영혼들을 상징하고 있고 진흙 같은 펄로 되어 있는 걸을 볼 수 있다. 그리고 옷을 벗고 있는 사람들은 하나님 앞에 벌거벗은 채 아무것도 지니지 않은 자신의 있는 그대로의 모습을 보여준다. 특히 땅에 묻힌 사람들이 올라오는 모습은 최후 심판 때이고, 이전에 죽은 사람들도 다 올라와서 최후 심판을 맞이해서 각각 그 영혼을 저울에 달아본다. 이처럼 미카엘의 망토는 천국의 풍성함과 지옥의 멸망을 상징한다.

또한 왼편에는 가틀릭이 주장하는 최초의 교황인 베드로가 천국열쇠를 들고 있다. 그림에서처럼 베드로가 천국 가는 사람들을 맞이하고 있다. 결국 천국과 지옥을 교황이 결정하고, 이 권위는 교회에 있음을 보여준다. 게다가 오른 편의 그림에서는 지옥에 가는 사람들의 처참함 모습이 담겨 있다. 이처럼 당시 교회의 제단화를 통해 교회는 지옥과 죽음에 대한 공포를 조장하였다.

◇◇ 가톨릭의 7가지 성사

또한 가톨릭에는 7가지 성사가 있다. 그런데 중요한 것은 이것이 '성사'라는 점이다. 7 성사는 마음으로 하는 것이 아니라 행위가 중요하고, 보속이 강조된다. 보속이란 부족한 것을 채우는 것을 말한다. 그런데 당시 교회는 7 성사와 보속의 행위를 구원의 조건으로 요구하였다.

입문성사는 세례성사, 견진성사, 성체성사가 있다. 치유의 성사는 고해성사와 병자성사가 있다. 병자성사는 돌아가실 때 받는 성사인데 종부성사라고도 한다. 마지막으로 일치를 위한 봉사의 성사는 성품성사, 혼인성사가 있다.

중세교회는 태어나면서부터(유아세례) 죽을 때(병자성사)까지가 완전한 종교사회였다. 종교사회의 열쇠를 교회가 가지고 있었고, 그중에서도 사제가 모든 것을 쥐고 있었다. 그래서 사제에게 밉보이면 태어나면서부터 하나님에게 멀어지고 죽을 때까지 제외될 수 있었다. 교회에 밉보이면 그 사람은 살아갈 길이 없었다. 이처럼 당시의 7 성사는 모든 사람의 생을 지배했다.

| 가톨릭의 7 성사

<table>
<tr><th colspan="2">구 분</th><th>가 톨 릭</th><th>개 신 교</th></tr>
<tr><td rowspan="6">입문
성사들</td><td rowspan="4">세례
성사</td><td>-개신교의 세례를 인정하지 않음

(개신교에서 세례를 받았어도 가톨릭에 가면 다시 교육받고 세례를 받아야 함. 이유는 성사이기 때문)</td><td>- 가톨릭에서 받은 세례를 인정함

(가톨릭에서 이미 세례를 받았으면 개신교에서는 세례가 아닌 입교만 하면 된다. 개신교에서 세례는 평생 한 번이다. 이유는 성사가 아니기 때문)</td></tr>
<tr><td>-세례를 받지 않으면 천국에 갈 수 없음</td><td>-세례를 안 받아도 천국에 갈 수 있음

(세례는 신앙을 고백하는 공식적인 예식일 뿐이다)</td></tr>
<tr><td>-유아세례로 인한 영아 생존율 ↓</td><td>-유아세례로 인한 영아 생존율 ↑</td></tr>
<tr><td colspan="2">가톨릭은 세례를 안 받으면 천국에 못 간다고 주장한다. 그래서 유아세례를 꼭 준다. 유아세례를 안 받고 죽으면 천국에 못 가기 때문이다. 루터는 11월 10일에 태어나 11월 11일에 유아세례를 받았다. 태어난 지 하루 만이다. 보일러도 없는 교회에서 유아세례를 치르기 위해 한겨울 아기를 차가운 물 속에 넣는다. 아기에게 세례를 안 주면 지옥에 간다는 믿음 때문인데 현실은 찬물에 넣었기 때문에 수없이 많은 영아가 유아세례 때문에 죽었다. 이것은 어마어마한 무지가 아닐 수 없다.

그러나 개신교는 세례 안 받아도 상관없다. 개신교에서 세례를 못 받아도 천국에 갈 수 있다. 세례는 결코 성사가 아니다. 세례는 신앙고백을 표현하는 공식적인 예식일 뿐이다. 인간이 무엇을 하고 안 하고 때문에 천국이 정해는 것이 아니다. 성사가 천국을 결정하는 게 아니라, 하나님께서 결정하신다. 이것이 종교개혁이다. 그러나 아직도 이것을 잘 모르는 사람들이 너무 많다.</td></tr>
<tr><td>견진
성사</td><td>-만 12세 이상 신자에게 사제가 성령을 주는 예식(주교가 축성한 기름이 아니면 무효가 됨)</td><td>-예배를 통해서, 기도를 통해서 성령의 은혜를 경험함</td></tr>
<tr><td>성체
성사</td><td>-성찬식

(성체성사를 못 하면 죄를 용서받지 못하고 천국에 갈 수가 없다)</td><td>-성찬을 못 해도 천국에 갈 수 있음</td></tr>
<tr><td rowspan="2">치유의
성사들</td><td>고해
성사</td><td>-고백을 통해서 화해하는 성사

(의무적으로 자주 해야 함)</td><td>-개인이 직접 인간이 아닌 하나님께 고백</td></tr>
<tr><td>병자
성사</td><td>-병들어서 죽기 전에 사제로부터 병자성사를 받지 않으면 천국에 못 감

-종부성사라고도 함</td><td>-병원 심방</td></tr>
<tr><td rowspan="2">일치를
위한
봉사의
성사들</td><td>성품
성사</td><td>-사제가 되는 성사</td><td>-목사안수식</td></tr>
<tr><td>혼인
성사</td><td>-결혼 때 받는 성사</td><td>-결혼예식</td></tr>
</table>

인간의 행복에 대해서 교회가 사람들에게 제시한 방법이 고해성사이다. 고해성사(=고백성사)는 고백을 통해서 화해한다는 것이다. 그래서 7 성사 중에서도 제일 자주 하는 게 '고해성사'이다. 고해성사는 의무적으로 해야 하는 성사이다. 그렇다면 고해성사는 어떻게 하는 걸까?

◇◇ 고해성사의 과정

① 통회 : 하나님의 마음으로 아파하는 상등통회, 벌이 두려워서 하는 하등통회 포함

개신교에서는 하나님의 마음으로 아파하는 상등통회(죄인을 바라보며 마음 아파하는 하나님의 마음을 생각하며 통회)라고 하는 고급통회인데, 가톨릭은 벌이 두려워서 하는 하등통회까지 다 포함한다. 단순히 "벌 받으면 안 되는데" 하는 마음조차 모두 포함해서 고해성사를 한다. 어떻게든 고해성사를 통해 재정을 얻으려 했기 때문이다.

② 고백 : 세례교인은 연 1회 이상 의무적으로 사제에게 해야 한다.

황제도 해야 하고, 왕이나 영주도 마찬가지이다. 내 죄를 어떻게 고백하라는 말인가? 모든 것을 다 고백해야 한다. 그런데 1년에 한 번이라고 하지만 기억을 못 하면 고백을 못 하니까 자주 한다. 보통은 기억 때문에 일 주일에 한 번씩 한다.

③ 사죄 : 신품성사를 받은 사제가 선포

가톨릭 : 하나님이 아닌 사람인 사제가 죄를 사하는 선포를 한다.

(사제의 독점권리)

개신교 : 죄인 된 마음으로 회개하며 하나님 앞에 나아올 때, 하나님께서 우리의 마음을 어루만져 주신다. 회개하는 우리의 마음을 십자가의 보혈로 덮어 주시고 우리 죄를 용서해주신다.

④ 보속 : 부족한 부분을 채운다는 의미로 기도나 선행, 헌금 등으로 이루어졌다.

사죄는 죄책감만 사라지게 하고 형벌은 남아 있다. 남아 있는 형벌은 보속으로 채운다. 보속은 부족분을 채운다는 뜻이다. 내가 고백한 것으로는 부족하므로 보속으로 채우는 것이다. 제일 흔하고 쉬운 보속이 기도이다. "마리아 님을 세 번 외치세요" 그다음은 "주기도문을 5번씩 바치십시오" 이런 식으로 사제가 보속을 정해준다. "선행을 해라"는 보속도 있다. 보속으로 행하는 선행은 상대방을 위해서 하는 것이 아니라, 나를 위해 하는 이기적인 선행이다. 타인을 위한 기도나 선행이 아니라 자기 죗값을 치르기 위해 보속으로 하는 억지 기도나 선행이다. 더 중요한 것은 보속으로 헌금을 요구한다는 점이다. 이 헌금 때문에 교회는 엄청난 파멸의 지름길로 가게 되었다.

그렇다면 개신교가 행하고 있는 것은 무엇인가? 개신교에서는 '성사'라고 하지 않고, '성례전'이라고 한다. 개신교의 성례전은 안 한다고 해서 구원 못 받는 것이 아니다. 오직 예수 믿고 구원받는 것 이외에는 안 한다고 지옥 가는 것은 없다. 성례전은 예수님이 행하신 것만 인정한다. 이게 루터의 원칙이다. 그 후로 종교 개혁가들이 동의하고 지금까지 지켜오고 있는 두 가지가 있다.

첫째는 '예수님이 행하신 것'만 인정하자. 둘째는 '성경에 나오는 것만' 인정하자. 그래서 7 성사를 다 인정하지 않고, 두 개의 성례전만 인정하고 있다. 이것이 바로 '세례와 성찬'이다. 예수님도 공생애를 시작하시면서 세례를 받으셨다. 죄를 이기고, 내 죄를 씻고, 죽음에서 다시 한번 새 생명으로 태어나는 것! 이것이 세례이다. 침례교에서는 침례라고 한다.

두 번째는 성찬이다. 예수님께서 잡히시던 날 밤에 떡과 포도주를 나눠 주시며 행하신 일이다. 이 세례와 성찬 두 가지가 개신교의 가장 중요한 성례전이다. 그런데 성례전은 두 가지의 특징이 있다. 바울이 교회마다 편지를 쓰면서 제일 먼저 초반에 강조한 것이 "은혜와 평강이 있을지어다"라는 말이다(롬 1:7; 고전 1:3; 고후 1:2; 갈 1:3; 엡 1:2; 빌 1:2; 골 1:2; 살전 1:1; 살후 1:2; 딤전 1:2; 딤후 1:2; 딛 1:4; 몬 1:3). 이것이 당시 기독교인들의 인사이다.

은혜와 평강이 무엇인가? '은혜'는 하나님을 믿고, 죄 사함을 받아 하나님의 자녀가 되는 것을 말한다. 이 표시가 바로 '세례'이다. 은혜받는다는 것은 한 번만 받는 것이다. 따라서 '세례'는 평생 한 번만 받으면 된다. 그래서 유아세례를 받은 사람도 나이가 들면 또 세례를 받지 않고, 입교식만 하게 된다. 왜냐하면 이미 세례를 받았기 때문이다.

그런데 '성찬'의 의미는 무엇인가? 성찬은 여러 번 계속해서 받을 수 있다. 성찬이 의미하는 바는 '평강'이다. 하나님이 주시는 평강은 반복적으로 임해야 한다. 평강은 우리 삶 가운데 매일매일 필요하다. 그래서 "은혜와 평강이 있을지어다"라고 할 때 '은혜'는 하나님의 은혜를 제대로 받아서 내가 죄 사함을 받고, 하나님의 자녀 되는 이례적인 것! 구원받았음을 뜻한다. 그리고 '평강이 있을지어다'는 시간마다 하나님이 주시는 복을 받고, 힘을 얻어서 우리가 기쁘고, 자유롭게 살아가라는 축복을 뜻한다.

그래서 개신교에서 제일 좋은 축복의 말은 무엇인가? "은혜와 평강이 있을지어다" 이다. '은혜와 평강'은 '세례와 성찬'을 뜻하는 것이고, 개신교의 두 가지 성례전을 뜻한다. 그런데 최근 코로나로 인해 교회가 세례와 성찬을 하지 못했다. 그러면 개신교가 아닌가? 개신교 맞다. 왜냐하면 우리가 은혜와 평강을 누리고 있기 때문이다. 성례전을 못하고 있는 것은 답답한 일이고, 굉장히 안타까운 일이지만 그렇다고 해서 교회가 교회 아닌 것은 아니다.

왜 그런가? 지금 이 시각에도 진행되고 있는 또 하나의 개신교의 중요한 성례전인 '말씀'이 있기 때문이다. 말씀이 선포되고 있는 것! 그래서 개신교에서는 〈말씀과 성례전〉 이 두 가지를 강조하고, 성례전 중에서는 〈세례와 성찬〉을 중요하게 여긴다. 세례와 성찬은 코로나 같은 상황에는 못하지만 대신 '은혜와 평강'을 선포한다. 또한 우리가 살아가면서 "은혜받았습니다"라는 말이 매우 좋은 말처럼 나누고 있지만 은혜는 구원의 의미를 담고 있기에 예배 때 들은 말씀이 감동되면 "오늘 말씀에 헌신하겠습니다"라고 하는 게 더 좋은 말이다.

그렇다면 성경은 행복에 대해 무엇이라 말하고 있는가? 과연 성경에서도 우리가 통회하고, 고백하고, 보속을 하면 내가 천국 간다고 말하는가? 성경은 우리 행복에 대해서 어떻게 말하고 있는가?

◇◇ 성경읽기

“위의 것을 생각하고 땅의 것을 생각하지 말라 이는 너희가 죽었고 너희 생명이 그리스도와 함께 하나님 안에 감추어졌음이라 우리 생명이신 그리스도께서 나타나실 그 때에 너희도 그와 함께 영광 중에 나타나리라” (골로새서 3:2-4)

사도 바울은 위의 것을 생각하고 땅의 것을 생각하지 말라고 하였다. 위의 것은 하나님의 우편에 앉아 계시고, 온 만물을 통치하시는 예수 그리스도를 말한다. 그렇다면 땅의 것은 무엇인가? 나를 뜻한다. 위의 것을 생각하라는 말씀은 ‘예수님을 붙잡아야지’ 땅의 것인 ‘나’를 붙잡지 말라는 말씀이다. 내가 노력한다고 해서 천국에 가고 안 가는 게 아니기 때문이다.

우리는 살아있는 것 같지만 진짜 우리의 생명은 그리스도 안에 감추어져 있다. 그리스도와 함께 하나님 안에 감추어져 있다. 지금 우리가 살아가는 것은 진짜 생명이 아니다. 내 생명을 지금 더 유지하기 위하여, 또 내가 천국까지 가서 더 잘 살겠다고 내 생명을 자꾸만 키워 나가는 건 올바른 일이 아니다. 생명의 근원은 예수님과 함께 할 때만 의미가 있다. 예수님 안에 우리가 있고, 그분과 함께 영광중에 나타날 것이다. 그래서 그리스도 없는 인간의 인생은 아무런 가치가 없다.

95개조 반박문의 **해석**

3조 : 이 말씀은 마음을 돌려세우는 내적 참회만 뜻하는 말이 아니다. 마음의 회개가 육의 정욕을 제어하는 방식으로 드러나지 않는다면 그 회개는 아무짝에도 쓸모가 없다.

내적 참회는 마음으로 참회하고 고백성사만 하면 된다고 생각하는 것을 반대한다. 종교개혁의 정신은 삶의 변화가 없는 보속을 부인한다. 아무런 삶의 변화가 없는데 고해성사하고, 보속했으니 죄가 없다고 생각하는 당시 사상을 반대했다.

4조 : 사람이 자기 자신을 끊임없이 미워하는 한, 죄에 대한 징벌은 계속될 것이다. 이것이야말로 진실한 마음의 회개이다. 우리가 하늘나라에 가기까지 이 회개는 계속되어야 한다.

하나님 앞에서 나는 부끄러운 죄인이라는 마음을 가져야 한다. 내 죄가 계속해서 발생하기 때문에 나의 연약함, 부족함을 인정하게 된다. 나는 스스로 구원할 수 없다. 내가 무엇을 한다고 내 죄가 씻어지지 않는다는 것을 알고 하나님 앞에 가기까지 회개는 계속되어야 한다. 나의 죄를 아파하면서 내 죄를 있는 그대로 하나님 앞에 가지고 나아가 고백하고 그분께 내 삶을 의탁하는 “진실한 회개”를 해야 한다.

2

종교개혁의 결과 : 『의지의 속박』

중세교회는 에라스무스의 『자유의지론』에 근거해서 인간은 하나님의 은혜와 별도로 인간 스스로 자유로운 능력과 의지로 구원받는 길을 택할 수 있다는 신인협동설을 주장했다.

1525년도에 루터는 『의지의 속박』이라고 하는 아주 중요한 책을 쓴다. 루터가 이 책을 쓰게 된 이유는 중세교회가 루터를 저지하기 위해 당시 가장 존경받는 학자 에라스무스를 통해 『자유의지론』이란 책을 써서 반박했기 때문이다. 에라스무스는 '인간은 하나님의 은혜와는 별도로 스스로 자유로운 능력과 구원받는 길을 택할 수 있다'고 하는 신인협동설을 주장한다. 이는 인간의 구원은 하나님과 사람 사이의 협동을 통해 이루어진다는 뜻이다. 하나님이 나를 전적으로 구원하는 것이 아니고, 구원을 위해 인간인 나도 해야 할 역할이 있다는 것이다. 즉, 나에게는 자유의지가 있기 때문에 내가 해야 할 역할을 하지 않으면 구원을 받을 수 없다는 것이다.

◇◇ 에라스무스 vs 루터

에라스무스는 종교개혁가 중의 한 명이다. 에라스무스의 손을 보면 성경이 있다. 에라스무스는 유일한 성경이었던 제롬의 라틴어 성경을 거부하고 헬라어 성경을 펴냈다. '말씀으로 돌아가자'라고 하는 종교개혁 정신에 충만했던 사람이다. 그러나 에라스무스는 루터의 종교개혁은 반대했다. 에라스무스는 로마 가톨릭교회를 비판했음에도 불구하고 루터가 지나치게 멀리 나갔다고 생각하여 개혁을 교회 안에서 해야 한다고 주장하였다. 그래서 가톨릭이 에라스무스에게 『자유의지론』을 쓰게 했는데, 이 일로 인해 루터와는 결별하게 된다.

이에 대해 루터는 기독교가 도덕이 아닌 성경을 따라야 할 것을 주장하며, 노예의지를 주장한다.

도덕이라는 기준으로 인간을 살피면 그 기준을 넘어선 사람이 있고 그

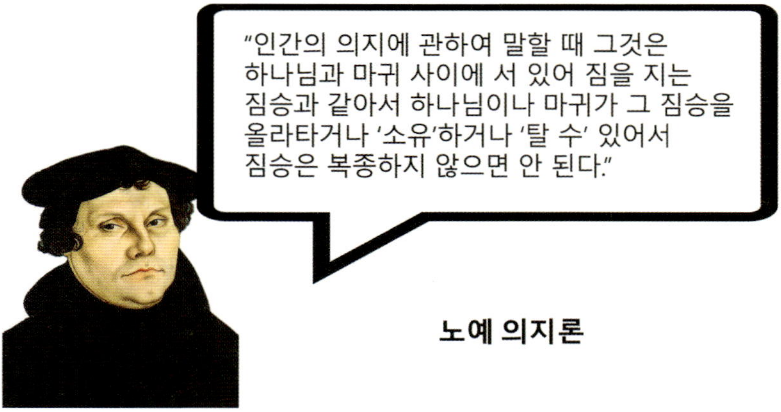
"인간의 의지에 관하여 말할 때 그것은 하나님과 마귀 사이에 서 있어 짐을 지는 짐승과 같아서 하나님이나 마귀가 그 짐승을 올라타거나 '소유'하거나 '탈 수' 있어서 짐승은 복종하지 않으면 안 된다."

노예 의지론

보다 못한 사람이 있다. 기준에 따라 사람을 나누게 된다. 그러나 루터는 이러한 도덕 기준을 반대하고 성경을 살피기 시작했다. 성경은 모든 사람이 하나님의 의의 기준에 못 미친다는 것을 발견했다. 그래서 루터는 『의지의 속박』이라는 책에서 인간의 의지는 속박되어 있는데, 이것을 '노예의지'라고 했다.

속박: 어떤 행위나 권리의 행사를 자유로이 하지 못하도록 강압적으로 얽어매거나 제한함.

가톨릭이 말하는 '자유의지론'을 부정하고 루터는 스스로 선(善)이 될 수 없다고 주장하기 시작했다. 타락한 영혼은 스스로 선하질 수 없다. 우리는 다만 짐을 싣는 노예에 불과하다. 짐을 싣는 우리의 의지는 약하다. 인간의 의지는 너무도 약해서 하나님이나 마귀 한쪽 편을 들 수밖에 없고, 스스로 구원할 수도 없는 무능한 존재다. 그래서 루터는 "인간은 자기의 구원을 스스로 이룰 수 있는 능력을 갖추고 있지 않다"라고 주장했다. 또한 인간이 가진 의지는 죄의 영향으로 덮여있기 때문에 인간에게는 자유의지가 없다고 이해했다.

◇◇ 루터가 중요하게 여긴 3권의 도서

마틴 루터가 쓴 125권의 책을 전집으로 펴냈는데, 8만 페이지나 된다. 이 많은 책 중에서 루터가 다른 모든 책은 불태워도 좋지만, 가장 소중히 여기는 3권만은 남겨두기를 바랐던 책이 있다. 이 3권의 책은 『소교리문답』, 『대교리문답』, 그리고 『의지의 속박』이다.

『소교리 문답』은 아이들을 위해 만든 책으로 얇다. 『대교리 문답』은 어른들도 볼 수 있도록 소교리 문답보다 조금 더 확장된 내용을 담고 있다. 성경을 다 읽지 않을 거라면 적어도 이 정도는 알아야 한다고 생각하며 썼다. 그래서 대교리 문답은 평신도의 성경이라고도 불린다. 마지막 세 번째가 『의지의 속박』이다. 마틴 루터는 이 책은 절대로 없어지면 안 된다고 했다. 이 책이 없어지면 인간이 마치 자유의지가 있는 것처럼, 스스로 구원할 수 있는 것처럼 착각하고 오해하게 된다고 생각했기 때문이다.

내가 쓴
모든 책은 불태워도
이 세 권만은 남겨두길
바란다.

소교리문답 의지의 속박 대교리문답

3

종교개혁의 질문 – "나는 왜 행복하지 않나?"

종교개혁 이전 : 자유의지를 지닌 인간이 죄에 대한 보속을 아직 부족하게 했기 때문이다.

사람은 자유의지를 지녔기 때문에 죄에 대한 충분한 보속을 할 수 있다고 보았다. 그런데 그것을(보속) 완전하게 하지 않고 부족하게 달성했기 때문에 행복하지 않다고 생각하게 만들었다. 사람이 행복하지 않은 이유는 구원의 확신이 없기 때문인데, 그것은 충분한 자유의지가 있음에도 불구하고, 그 의지를 활용해서 보속을 하지 않았기 때문에 구원의 확신이 없다는 것이다. 그래서 고해성사를 더 많이 하고, 사죄를 많이 받아 죄책감을 지우고, 형벌은 보속으로 치루면 행복해 질 거라고 가르쳤다. 그러니 돈이나 행위, 또는 선행이나 그 무엇으로라도 구원을 얻어야 한다는 생각을 하도록 만들었다.

종교개혁 이후 : 우리의 이성과 정서와 의지가 죄로 인하여 완벽히 타락하여 우리 스스로 구원받을 길이 없다.

우리가 행복하지 않은 이유는 우리의 이성과 정서, 그리고 의지가 죄로 인하여 완전히 타락했기 때문이다. 인간에게는 지정의(知情意)가 있다. 이것의 근원은 마음이다. 그런데 이 세 가지가 죄로 인해 완벽히 타락하여 스스로 구원받을 방법이 없다. 이것이 인간이 근본적으로 행복하지 않은 이유이다. 내가 행복하지 않은 이유는 자유의지가 부족해서도 아니고, 보속을 덜 해서도 아니다. 성사를 덜 해서도 아니다. 내가 불행한 이유는 타락했고, 자신을 선한 길로 인도할 능력이 없어서다. 그러므로 행복을 구하기 위해서는 내가 먼저 어떤 상태인지를 이해해야 한다. 거기에서 출발해야 우리는 행복으로 나아갈 수 있다.

◇◇ 결론

인간은 스스로 노력해서 구원을 얻을 만한 자유의지를 지니고 있지 못하다. 도리어 죄를 범하고 속박되는 노예의지를 가지고 살아갈 수밖에 없는 존재이다. 따라서 인간은 죄에 대하여 죽은 자신을 구원으로 인도할 외부의 구원자를 기다려야 한다.

인간은 스스로 노력해서 구원을 얻을 만한 자유의지를 지니고 있지 못하다. 이것이 개혁교회의 전통이다. 우리에게 자유의지는 없다. 도리어 우리는 죄를 범하고 속박되는 노예의지를 가지고 살아갈 수밖에 없는 존재이다. 과연 나는 스스로 선을 택할 수 있는 의지가 있는가? 혹은 악을 버릴 수 있는 능력이 있는가? 인간은 죄를 이길 능력이 없다. 이 점을 인정해야 한다. 우리 내부에는 죄를 이길 수 있는 능력이 없으므로, 죄에 대해서 죽은 자신을 구원으로 인도할 인간 바깥의 존재가 필요하다. 나는 왜 행복하지 않지? 내가 행복하지 않은 이유는 내가 더 노력하지 않아서가 아니다. 내가 더 착하지 않아서가 아니다. 내가 남들보다 조금 더 나은 삶을 살지 않아서가 아니다. 우리 인간은 그럴 수밖에 없는 존재임을 인정하고, 하나님 앞에 온전한 은혜를 구하고 나아가지 않으면 우리는 행복할 수 없다.

◇◇ 소그룹 모임에서 나눌 질문

나는 스스로 구원할 능력과 의지가 내게 없는 것을 인정하고 겸손하게 살고 있는가?

＊ 내가 행복하지 못한 이유가 근본적으로 무엇 때문이라고 생각하는지, 그리고 이번 챕터를 통해 새롭게 알게 된 점은 무엇인지 함께 나누어 보자.

우리는 대부분 "조금만 더하면 될 텐데"라고 생각한다. '내가 조금만 더 노력하면 하나님이 나를 예뻐하실 텐데', '내가 조금만 더 노력하면 행복해 질 수 있을 텐데'라고 생각한다. 과연 그럴까? 도리어 개혁교회의 전통은 우리에게 "그렇지 않다"라고 한다. 나 자신을 구원할 능력이 내게 없고, 나 스스로는 천국에 갈 수 없다고 말한다. 그러므로 '오직 은혜'. 오직 하나님의 은혜가 필요하다.

Review

세 번째 질문, "나는 왜 행복하지 않나?"

당시 가톨릭은 '인간이 스스로 노력하면 구원을 얻을 수 있다'라고 하면서 계속해서 사람들에게 공포심을 심어 주었다. 그래서 "빨리 노력해, 빨리 고행해, 빨리 돈을 내"라고 사람들을 몰아갔는데, 루터는 "그럴 수 없다는 것을 근본적으로 밝혔다. 인간의 노력으로는 그 어떤 것도 얻을 수 없다. 인간은 스스로 구원받을 만한 가치가 없기 때문에 말씀이 필요하고 배워야 하고, 하나님을 알아야 한다. 이것이 루터의 중요한 종교개혁 사상이다.

우리도 마찬가지다. 우리가 이것을 공부했다고 삶이 거룩해지는 것은 아니다. 하지만 내가 거룩해지는 것이 아니라 하나님을 알아갈 때 우리는 거룩해진다. 하나님을 알게 되면 하나님을 더 사랑하게 된다. 그것이 인간의 인생이 진짜 행복해지는 길이다. 거룩해지려고 하지 말고, 하나님을 더 알려고 하는 노력하자. 하나님을 더 사랑하려고 하자. 그것이 루터가 강조한 것이고 『소교리문답』, 『대교리문답』, 『의지의 속박』이 우리에게 가르쳐 주는 바이다.

앞서 살펴본 한스맴링이 그렸던 『최후의 심판』이라고 하는 제단화를 떠올려 보자. 성전 앞에서 사제가 알아듣지도 못하는 언어로 미사를 집전하면 일반 성도들은 사제 뒤에 있는 공포의 그림이 그려진 제단화를 보면서 미사를 드렸다. 교회마다 이런 제단화가 걸려 있었다. 제단화를 볼 때마다 지옥에 대한 공포심을 가질 수밖에 없었고 무언가를 할 수밖에 없었다. 그래서 공로와 업적, 행위를 쌓을 수밖에 없었다.

현대를 살고 있는 우리는 어떤 마음과 모습으로 하나님을 섬기고 있는가? 하나님을 믿을 때 우리는 무서워서 하나님을 믿는 것은 아닌가? 내가 하는 일이 잘못 될까 봐 겁을 내며 두려워서 믿는 것은 아닌가? 겸손은 하나님을 의지하며 살아가는 것이다. 인간의 어떤 행위와 노력으로도 근본적인 문제를 해결할 수 없다는 것을 인정하는 것이 믿음이다. 하나님 앞에 나의 약함을 고백하고 하나님을 높일 때 그런 사람이 하나님께 겸손한 자이다.

루터가 던진 네 번째 질문

“

내 삶의

해결책은

무엇인가?

”

사람이 고해성사를 다 하지 못하고, 또 보속을 통해서 자신의 죄를 다 해결하지 못하고 죽으면 어떻게 될까? 사람들은 수없이 고해성사를 하고 사제가 말한 대로 보속을 했지만 그럴수록 죄책감도 심해졌다. 그래서 생긴 교리가 '연옥'이다. 개신교는 연옥이 없는데 가톨릭은 연옥에 대한 교리가 있다. 연옥이란 천국 가기에는 모자라고, 지옥 보내기에는 아까운 애매한 인생들을 위한 사후 공간이다. 그런데 애매하다는 것이 하나님이 볼 때 애매한 것인가, 우리가 볼 때 애매한 것인가? 인간인 우리가 볼 때 애매하다고 본 것이다. 이것이 무슨 뜻인가? 인간의 구원을 인간이 판단하는 것으로 이 자체부터 문제라는 것을 알아차려야 한다.

구원의 판단은 하나님이 하시는 일인데, 연옥이라는 공간을 만들어 놓고 인간이 판단하기 시작한다. 하나님이 보실 때 애매한 인생은 없다. 하나님 앞에서는 모두 죄인이다. 그런데 그 죄인을 하나님이 예수 그리스도를 믿는 믿음으로 의롭다 하시면 100% 의로운 존재가 되어 천국에 간다. 하나님 앞에서는 100% 죄인이냐, 100% 의인이냐만 있을 뿐 애매한 인생은 없다.

그런데 이 구원을 위해 내가 어떻게 해보려고 할 때 그때부터 애매해진다. 개신교는 연옥을 거부한다. 개신교는 질문하는 종교이고, 질문을 통해서 새로운 소통을 이끌고, 소통이 안 되면 저항하고, 새로운 공동체를 만들어 낸다. 그것이 개신교 교회이다. 왜 인간이 자꾸 구원에 개입하는가? 왜 구원받을 대상인 내가 주체인 것처럼 행동하는가? 무조건 저항하는 것이 아니라 성경적이지 않은 것에 저항해야 한다. 그래서 하나님을 하나님 되시게 하라! 이것이 개신교의 핵심 정신이다. 그러나 교회 생활하면서 내가 주체가 되려고 하고, 내가 하나님 되려고 하는 사람이 너무 많다. 우리는 주체가 아니다.

1

종교개혁과 인간의 해결책

"자신의 모든 죄를 고해성사와 보속을 통해서 해결하지 못하고 죽는다면?"

⇒ **연옥의 등장** (연옥교리 : 현세 사람들이 기도와 통공을 해주면 연옥에 있는 가족, 친척들이 빨리 천국으로 올라갈 수 있고, 천국으로 올라간 가족이 나를 위하여 또 기도하고 통공을 해주면 나도 연옥에서 빨리 천국으로 갈 수 있다는 교리이다. 연옥 교리 때문에 면죄부가 생기게 되었다.)

인간의 해결책으로 자신의 모든 죄를 고해성사로 다 해결할 수 있다면 얼마나 좋을까? 그런데 그럴 수 없다는 것이 문제다. 고해성사하고 나면 보속을 해야 한다. 고해성사로 나의 죄의식을 씻고, 보속으로 나의 형벌을 다 씻는다면 얼마나 좋을까? 그런데 이것도 불가능하다.

인간은 모든 죄를 다 알지 못하고, 기억할 수 없다. 전부 기억하지 못했으니 다 고백했다고 할 수 없고 그러니 알지 못하는 죄로부터 자유해질 수 없다. 그래서 자신의 모든 죄를 다 보속하지 못하고 죽을 수밖에 없다. 여기서 가톨릭의 '연옥'이라는 교리가 등장한다.

◇◇ 연옥의 등장

가톨릭에서 말하는 연옥이란 천국으로 가기 전에 영혼을 깨끗하게 단련하는 곳이다. 자기 죄를 씻기 위해 연옥에서 단련해야 천국으로 들어갈 수 있다. 그런데 개신교의 교리에는 연옥이 없다. 개신교는 천국 아니면 지옥이다. 그러나 가톨릭은 "어떻게 사람이 천국 아니면 지옥을 가요? 중간도 있어야지" 라고 하면서 천국이나 지옥이 아닌 중간지점의 연옥을 만들었다. 지옥에 갈 것같이 심하게 나쁘지는 않지만 천국에 갈 것으로 보이지 않는 애매한 사람들을 위해 중간지점인 연옥을 생각해냈다.

그런데 천국 갈 사람이 많을까? 지옥 갈 사람이 많을까? 애매하게 연옥 갈 사람이 많을까? 따지고 보면 우리는 다 애매한 사람들이다. 양심이 있는 사람은 지옥 가기에는 아깝고, 천국 가기에는 부족하다고 스스로를 생각한다. 이런 사람들의 마음을 이용한 중세교회의 최고의 발명품이 바로 연옥이다.

연옥을 이용해서 중세교회는 어마어마한 장사를 했다. 천국 갈 사람이 천국 가버리고, 지옥 갈 사람이 지옥 가버리면 장사를 못하는 것이 아닌가? 그래서 연옥을 만들었다. 연옥에 있는 사람이 천국으로 갈 것인지, 지옥으로 갈 것인지 모르기 때문에 지상에 있는 사람들이 이 세상에서 연옥에 가 있는 사람을 대신해 지극정성으로 헌금하고 봉사하고 기도문을 외우고 착하게 살면 그를 천국으로 보낼 수 있다고 가르쳤다. 그래서 내 생각에 애매한 우리 부모님, 애매한 우리 조상님들이 연옥에 계신다면 현세에 사는 내가 무언가 해야 한다고 생각하게 만들었다.

연옥(煉獄)의 한자어 '연'자는 '단련하다'는 의미이다. 연옥에서 자기 죄

"자신의 모든 죄를 (고해성사)와 (보속)을 통해서
해결하지 못하면 죽는다면? => (연옥)의 등장"

연옥(演獄)Purgatory 1274년 리옹공의회 채택
터툴리안 (2세기) – '안식'하는 장소로서의 연옥
오리겐 (3세기) – '정화'되는 장소로서의 연옥

를 씻기 위하여 단련해야 천국으로 갈 수 있고, 자기 죄를 씻지 못하면 지옥으로 가는 것이 연옥 교리이다. 그런데 '연'자를 부드러울 '연'자로 해석하면 부드러운 감옥, 지옥보다는 덜 힘든 곳이라 생각할 수 있다. 2세기 터툴리안 교부는 연옥을 '안식'이라는 말로 사용하였다. 사람이 죽었는데 "고인은 천국에 가셨습니다"라고 하면 확실하지 않고, "고인은 지옥에 가셨습니다"라고 하면 듣기 싫어한다. 그래서 사람들은 "고인이 안식에 들어가셨습니다"라고 말하기 시작했다.

3세기부터는 연옥에 대한 해석이 달라졌다. 죄를 정화시키는 장소로 해석하기 시작했다. 그리고 1274년 리옹 공의회에서 정식으로 연옥이란 말을 채택하게 되었다.

◇◇ 사도신경에 나오는 성도의 교제 vs 성도의 통공

사도신경 : '성도의 교제'와

= '성인의 통공' (마리아와 성인들이 쌓은 기도와 공로를 도움받겠다는 것)

사도신경을 보면 개신교에서는 '성도의 교제와'라고 한다. 성도의 교제는 거룩한 교제를 의미한다. 그런데 가톨릭은 이것을 다르게 고백한다. 가톨

릭은 '성인의 통공과'라고 한다. '성인의 통공'이란 무엇일까?

개신교에서 성도의 교제는 서로 밥도 먹고, 차도 마시고, 말씀도 나누고, 서로 위로하고, 기도하는 것이 성도의 교제이다. 그러나 가톨릭은 다르다. 가톨릭은 하나님 앞에서 열심히 살다가 돌아가신 분의 공로와 선행을 우리와 주고받을 수 있다는 것이다. 이것이 '성인의 통공'이다.

구체적으로 말하면 마리아와 그 외 성인들이 쌓은 기도와 공로를 우리가 도움받겠다는 것이다. 우리의 기도는 연약하고 우리의 공로는 미약하다. 그러기에 마리아에게 기도해서 마리아의 공로와 기도로 도움받아 내가 천국 가겠다는 것이다. 성인 마가를 의지하고 성인 누가를 의지하고 성인 바울을 의지하는 것이다.

◇◇ 가톨릭의 사도신경

이러한 점은 가톨릭의 사도신경에 잘 나타나 있다. '성령으로 인하여 동정 마리아께 잉태되어 나시고'라고 되어 있는 부분이 눈에 들어온다. 무엇보다 개신교와 제일 다른 점은 '모든 성인의 통공을 믿으며'라는 부분이다.

이 땅에서 나보다 훨씬 기도도 많이 하고, 하나님 앞에서 훌륭하게 살았던 성인들의 공로가 지금 '나'와 소통된다고 믿는다. 그런데 현세에 사는 인간은 삶과 죽음을 쉽게 드나들 수 없으므로 소통(=통공)을 위해서는 천국 열쇠가 필요한데, 이 천국 열쇠는 베드로에게 있다고 한다.

가톨릭의 제1대 교황인 베드로가 천국열쇠로 열면 하늘에서 문이 열리고, 풀면 땅에서 풀리는데 베드로 이후 모든 교황은 천국열쇠를 가지고 있다고 믿었다. 그래서 천국열쇠를 가지고 있는 교황을 통해서만 성도의 통공이 가능하다고 가르쳤다. 내 힘으로는 연옥에 계신 부모님을 천국으로 못 보내지만, 교황이 천국열쇠를 열어주면 성인들의 공로를 받아서 내 부모님이 연옥에서 천국으로 올라간다고 믿기 시작했다.

가톨릭의 사도신경

> **전능하신 천주 성부 전지의 창조주를 저는 믿나이다**
>
> **그 외아들 우리 주 예수 그리스도님 성령으로 인하여 동정 마리아께 잉태되어 나시고 본시오 빌라도 통치 아래서 고난을 받으시고 십자가에 못 박혀 돌아가시고 묻히셨으며**
>
> **저승에 가시어 사흗 날에 죽은 이들 가운데서 부활하시고 하늘에 올라 전능하신 천주 성부 오른편에 앉으시며 그리로부터 산 이와 죽은 이를 심판하러 오시리라 믿나이다**
>
> **성령을 믿으며 거룩하고 보편된 교회와 모든 성인의 통공을 믿으며 죄의 용서와 육신의 부활을 믿으며 영원한 삶을 믿나이다 아멘**

◇◇ 천주교에서 생각하는 세 가지 교회

그런데 성인의 통공이라고 할 때, 천주교는 이 세상을 세 가지 교회로 여겼다.

1) **이 세상 – 전투교회** : 이 세상은 싸우면서 공로를 쌓는 곳이다. 이 땅에서 나는 최고로 높아져야 하고, 그렇게 성공해서 죽으면 성인이 되고 성인의 통공이 가능하게 되면 연옥에 계신 부모님을 천국 보낼 수 있고, 나도 연옥에서 천국으로 갈 수 있다. 그래서 이 땅에서 사제, 주교, 추기경, 교황이

되어 성인의 반열에 올라가야 한다. 전 재산을 팔아서라도 교회에 헌금하고 사제에게 드려서라도 성인의 반열에 올라가야 한다.

2) **연옥 – 단련교회** : 연옥을 영혼이 천국으로 가기 위해서 단련하는 곳으로 여겼다.

3) **천국 - 승전교회** : 전투가 끝나는 날은 천국 가는 날이다. **단, 여기서 지옥은 제외이다.** 지옥 가면 끝이기 때문에 연옥에서 천국으로 올라가려고 사람들은 노력해야 했다. 그래서 성인의 통공을 '교회의 보화 사상'이라 한다. 죽음을 뛰어넘는 신앙의 친교는 죽은 자를 위한 기도를 정당화하고 있다.

로마 바티칸시티에 있는 성 베드로 성당의 베드로 동상이 있다. 베드로의 손에 쥐어진 열쇠로만 교회의 보화인 곳간 문을 열 수 있다고 말한다. 그러니 저 열쇠를 가진 베드로 앞에 모든 인간은 굴복해야 한다. 이것이 보화 사상이다. 열쇠만이 성인들의 공로를 끌어올 수 있다. 죽음을 뛰어넘는 신앙의 친교! 이것이 가톨릭에서 말하는 성인의 통공이며, 당연히 죽은 자를 위한 기도가 정당해야 했다. 그래서 가톨릭은 죽은 자를 위한 기도를 정당화하고, 천국열쇠를 가진 교황에게 전 재산을 내놓고 굴복하라고 요구했다. 매년 11월 1일부터 8일은 죽은 자를 위하여 집중적으로 기도하는 위령성월이다. 천주교는 이때 헌금도 하고, 봉사활동도 많이 한다. 일 년 중에 제일 북적대는 때이다. 이때 열심히 해야 연옥에 계신 부모님, 조상님들이 다 천국으로 올라간다고 생각한다.

유럽의 성당의 구석에는 사당이 있다. 이곳에서 돈 많은 사람들이 위패를 모셔놓고 위령미사를 드린다. 이것을 구석에서 한다고 하여 '구석미사' 또는 '위령미사'라고 한다. 또한 교회 주위에 공동묘지가 들어서기 시작했다. 지금도 가톨릭 국가의 공동묘지는 교회 바로 옆에 있다. 돈 많은 사람은 교회 안에 묘지를 둘 수 있다(비텐베르크 교회 안의 설교단 아래에 루터의 무덤이 있다). 훌륭한 사람, 돈 많은 사람이 죽으면 교회 안에 묻는다. 영국 장로교회의 본산인 웨스트민스터 사원은 거대한 무덤이다. 이름은 사원이지만 전부 무덤이다. 왕, 왕비, 왕자, 경, 백작들의 무덤이다. 산 사람을 위한 교회인지, 죽은 사람을 위한 교회인지 모를 정도다. 지금도 성당의 지하에는 죽은 자를 염하는 장례식장이 있다. 가톨릭은 산 자와 죽은 자의 경계가 굉장히 가깝다. 안방에서 건넌방 가듯이 말이다.

| 바티칸시티의 교황청 광장

교황청이 있는 바티칸시티 광장의 사진을 보면, 그 자체가 '천국의 열쇠 모양으로 지어졌음을 볼 수 있다. 이는 가톨릭의 자존심이라 할 수 있다. 루터가 아무리 95개 조 반박문을 붙여도 천국열쇠를 쥔 교황은 꿈쩍도 하지 않았다. 지금도 가톨릭은 개신교를 인정하지 않는다. 가톨릭은 천국 열쇠를 가지고 있다고 믿기 때문에 세계를 지배하고 삶과 죽음을 초월하여 모든 것을 다 가졌다고 여긴다.

◇◇ 성경읽기

"유대인은 표적을 구하고 헬라인은 지혜를 찾으나 우리는 십자가에 못 박힌 그리스도를 전하니 유대인에게는 거리끼는 것이요 이방인에게는 미련한 것이로되 오직 부르심을 받은 자들에게는 유대인이나 헬라인이나 그리스도는 하나님의 능력이요 하나님의 지혜니라" (고린도전서 1:22-24)

유대인들이 찾는 성공과 인생의 해결책은 표적이다. 유대인들은 구약시대부터 표적을 보고 살았다. 놋 뱀을 보면 병이 나았고, 지팡이를 휘두르면 홍해가 갈라지고, 10가지 재앙을 통과하면서도 다치지 않았다. 어느 순간부터 유대인들에게는 표적이 해결책이었다. 이와 유사하게 헬라인은 지혜를 찾았다.

그러나 우리는 십자가에 못 박힌 그리스도를 전한다. 개신교는 표적도 아니고 지혜도 아니다. 열쇠도 아니고 성공도 아니다. 세상이 말하는 외제 차나 아파트의 열쇠도, 가톨릭의 천국 열쇠도 아니다. 우리에게는 오직 십자가가 증거이다. 십자가는 표적을 중요시하는 유대인에게는 걸림돌이고, 이방인에게 불필요한 것처럼 보이는 미련한 일이다. 그러나 부르심을 입은 자들인 우리에게는 예수님의 십자가가 능력이고 지혜이다. 그것은 암흑에서 빛으로, 죽음에서 생명으로 부르심을 받은 일이 우리의 표적이나 지혜가 아닌 하나님의 능력으로 인한 것임을 믿기 때문이다.

95개조 반박문의 해석

58조 : 그 보화는 그리스도와 성인들의 공로로 이뤄진 것이 아니다.

진실로 교회의 보화란 교황의 도움 없이도 속 사람에게 은혜를,

겉 사람에게는 십자가와 죽음과 지옥을 가져다주는 것이기 때문이다.

95개 조항은 교회의 보화는 '십자가'이며 '성인들의 공로와 통공이 아니다'라고 주장했다. 연옥에서 천국으로 올라가는 교회의 보화는 교황에 의한 것인가? 열쇠에 의한 것인가? 아니다. 오직 우리의 죄를 사하신 예수님의 십자가의 공로로 인함이다.

62조 : 교회의 참된 보화는 하나님의 영광과 은총을 다루는

가장 거룩한 '복음'이다.

이것이 95개 조 논쟁의 핵심이다. 교회의 참된 보화가 무엇인가? 열쇠도 아니고, 성공도 아니며, 성인 되는 것도 아니다. 교회의 참된 보화는 하나님의 영광과 은총을 다루는 가장 거룩한 복음이다.

63조 : 그러나 이 보화는 가장 멸시를 받는다.

복음은 먼저 된 자를 나중으로 만들기 때문이다.

먼저 된 자가 누구인가? 교황이다. 그러나 제일 먼저 되었다고 생각하는 교황이 나중으로 물러서게 된다. 교황은 십자가를 넘어서 자신의 권위를 절대시하고 있다. 그래서 교회의 보화인 복음이 그들에게 멸시받고, 십자가를 거리끼는 것으로 여기고 미련한 것으로 여긴다. 그러나 우리는 권위를 믿는 것이 아니라, 믿음에 권위를 부여한다. 이것이 개신교의 정신이다.

2

종교개혁의 결과 : '영광의 신학'에서 '십자가의 신학'으로

본래 기독교는 로마제국 안에서 박해받는 소수의 종교였다. 기독교인들은 세상이 주는 영광을 포기하고 부활의 소망을 가지고 살았다. 그래서 박해가 계속되어도 포기하지 않으며 순교도 마다하지 않고 복음을 전했다. 그런데 313년 밀라노칙령으로 공인되어 소수의 종교에서 제국의 종교로 위치가 달라졌다. 점차 힘을 가지게 된 교회는 카노사의 굴욕 등으로 황제를 무릎 꿇리고 군림했다. 이에 대해 루터는 십자가 신학을 주장했다. 예수님은 영광이 아니라 고난받기 위해 오셨고 십자가에서 죽으셨다. 십자가는 고난 중에 자신을 감추시는 하나님을 보여준다.

황제가 교황의 서임권(주교나 추기경을 임명할 권리) 권리를 침해하는 사건이 발생한다. 그러자 교황은 황제를 파문(출교)시키게 된다. 당시에 파문을 당하면 누구든지 그를 죽여도 됐다. 파문당한 자는 영원히 천국에 못 가고 지옥으로 간다고 가르쳤다. 그래서 아무라도 파문당한 사람과는 대화도 하면 안 되고, 밥도 같이 먹어서는 안 된다.

◇◇ 카노사의 굴욕 사건

카노사의 굴욕

1077년 1월. 독일 왕이자 황제가 될 신성로마제국 하인리히 4세가 이탈리아 북부의 험준한 산악지역인 카노사 성에 찾아와 엄동설한 맹추위에 말총으로 만든 참회복을 입고 눈밭에서 사흘 동안 맨발로 서서 서임권 문제로 자신을 파문한 교황 그레고리우스 7세에게 용서를 빈 사건

결국 이 일로 독일의 왕인 하인리히 4세가 자신을 파문한 교황 그레고리우스 7세에게 찾아와 눈밭에서 사흘 동안 용서를 빈다. 그리고 이것을 "카노사의 굴욕"이라 부른다.

카노사의 굴욕 사건 이후 중세교회는 막강한 힘을 가지게 되었고, 교황이 황제를 쥐고 흔드는 권세를 가지게 되었다. 교회가 세상의 모든 영광을 손에 쥐게 되었다. 하지만 루터는 영광이 아닌 십자가 신학을 주장했다. 예수님은 영광을 받으러 오신 것이 아니라, 고난받기 위해 오셨다. 예수님은 십자가에서 죽으셨다. 십자가는 고난 중에 자신을 감추시는 하나님을 보여준다.

영광의 신학자들은 이렇게 말한다. "예수님이 십자가에서 죽으면 안 되는 거 아닌가?", "십자가에서 떨쳐 일어나 승리하셔야지!" 그러나 하나님은 영광의 신학이 아닌 십자가의 신학을 따르시는 하나님이다. 하나님은 십자가의 죽음 뒤에 부활의 능력을 통해서 예수님을 다시 한번 우리의 삶과 죽음을 초월하는 구원자로 세워 주셨다. 이 사건을 통해서 인간은 죽음을 두려워하지 않고, 죽음조차 이기는 하나님의 자녀로 살아갈 수 있다.

1518년 하이델베르크에서 열린 수도원 회의에서 루터는 "이성과 체험에 대한 무한한 신뢰를 통해 가시적 영광과 성공을 추구하는 자들은 십자가 신학의 반대편에 서 있다"라고 했다. 그는 자신들의 이성과 체험을 믿고 "예수님은 반드시 십자가에서 내려오셔야 해! 예수님은 십자가에서 죽으면 안 되고, 승리해서 영광 받으셔야 해! 그러니까 교회가 다 이겨야 하고, 우리가 천국열쇠를 가지고 있으니까 우리가 이겨야 해!" 라고 말하는 것이 잘못되었음을 증명하고 있다. 이런 생각을 하는 자들은 가시적 영광과 성공을 추구하는 자들이라는 것이다. 그들은 이미 자신들의 말을 통해 십자가 반대편에 서 있음을 증명하고 있다.

3

종교개혁의 질문 – "내 인생의 해결책은?"

종교개혁 이전 : (영광의 신학) **세상에서 부와 권력을 얻고 성공하여 영광스러운 성도가 된다.**

종교개혁 이전에는 인생의 해결책이 무엇이었나? 세상에서 부와 권력을 얻는 것이었다. 내가 할 수 있는 수단과 방법을 동원하더라도 성공해야 한다고 믿었다. 성공해서 영광스러운 성도가 되는 것! 바로 이것이 인생의 해결책이었다. 영광을 얻어서 죽으면 나도 성인이 되고, 내가 성인들의 통공을 받아서 연옥에 계신 분들을 다 천국으로 올려보내고, 나도 나중에 연옥에서 천국으로 갈 수 있다고 여겼다. 세상에서 내가 성공하고 영광을 얻는 길! 이것이 인생의 해결책이었다.

종교개혁 이후 : (십자가 신학) **예수님의 십자가를 나도 지고 고난 당하는 편에 서며 천국을 소망한다.**

종교개혁 이후에는 십자가 신학으로 바뀌었다. 예수님이 십자가를 지셨고, 그 사건을 통해 내가 구원받았다는 것이다. 그러므로 나도 이제 십자가를 지고 동참하며, 고난 겪는 편에 서서 그들과 함께해야 한다. 그리고 그들과 함께 이 땅을 천국으로 바꾸어 나가면서 그 나라를 소망하며 살아가야 한다. 이것이 우리 인생의 해결책이다. 예수님은 모든 사람을 위해 헌신하고 죽으심으로 우리를 살리셨다. 예수님이 서 계신 그 자리가 바로 우리가 서 있어야 할 자리이다. 이것이 바로 십자가 신학의 정신이다.

◇◇ 비텐베르크 시민교회의 제단화

|비텐베르크 시민교회의 제단화

비텐베르크 만인성자교회 옆에는 루터가 평생 목회했던 비텐베르크 시민교회가 있다. 이곳의 제단화에는 개신교의 정신이 들어 있다. 이 그림은 루터의 가장 친한 친구이고, 후원자이면서, 그의 평생을 함께한 화가 루카스 크라나흐가 그린 것으로 알려져 있다.

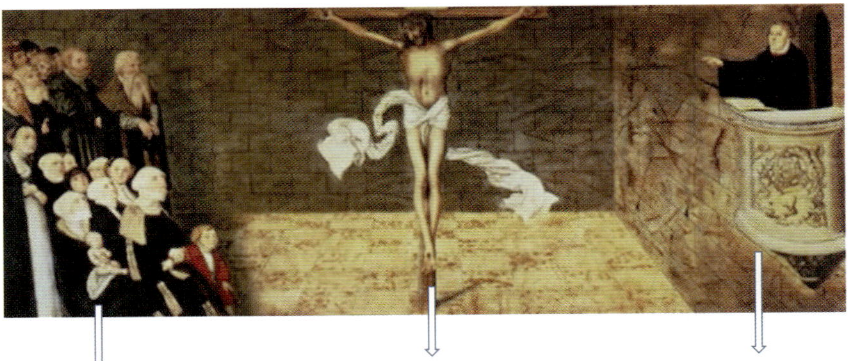
루터의 아내 폰 보라와
아들 한스, 갓난아기와
비텐베르그 시민들
중앙에 교회의
기둥 되신 십자가의 그리스도.
옷자락은 부활을 상징
왼손은 성경에
오른손은 십자가를
가리킨 루터

|제단화 중앙 하단에 있는 그림

그림을 자세히 살펴보면, 교회 주변에 빨간색으로 채찍 자국이 있다. 이는 예수님의 보혈로 형성된 하나님의 교회를 뜻한다. 가운데에는 십자가에 달린 그리스도가 계신다. 이는 중심이 되는 예수님을 뜻한다. 여기에 예수님의 옷자락이 휘날리고 있는데 이는 예수님의 부활 생명을 상징하고 있다. 우리가 보는 정면 오른쪽에는 설교하는 루터가 있다. 왼손에는 성경을, 오른손으로는 십자가를 가리키고 있다. 이것은 말씀 중심의 신학을 강조하고 있으며, 맞은 편에 설교를 듣는 사람들이 있는데 이들은 비텐베르크 시민들과 루터의 아들 한스와 한스를 뒤에서 안고 있는 루터의 아내 폰 보라를 그림에 넣었다. 그리고 수염 난 남자가 루터의 아버지인 루카스 크라나흐이다.

종교개혁 이전의 제단화에는 성자들이 그려져 있었지만, 개혁 이후에는 '우리'(성도들)가 그 자리에 들어가 있다. 십자가의 공로로 구원받은 성도가 중요해졌다.

◇◇ 결론

개신교는 예수님의 십자가 신학을 따르는 공동체이다. 예수님을 믿고 구원받을 뿐 아니라 세상에서도 부귀영화를 누리고 싶어 하는 번영신학이나 기복신앙을 믿음의 결과물로 포장해서는 안 된다. 우리는 세상을 섬기는 자들이지 지배하는 자들이 아니다.

개신교는 예수님의 십자가 신학을 따르는 공동체이다. 예수님은 십자가를 지셨다. 그러므로 우리도 십자가를 따라가야 한다. 그런데 왜 십자가를 따르지 않고, 성공을 위해 돈과 명예를 좇고 있는가? 우리는 이미 구원받았다. 그러나 만족하지 못한다. 그리고 세상에서 부귀영화를 누리고 싶어 한다. 이것을 번영신학이라고 한다. 번영신학이 무엇인가? 돈 많이 버는 것이 은혜받는 것이다, 무병장수하는 것이 행복한 것이다, 좋은 학교 가고, 좋은 데 시집 장가가는 것이 최고 하나님의 복이라고 해석하는 것이다. 그래서 번영신학은 개신교가 아니다. 또한 기복신앙은 무엇인가? 복만 구하는 것이다. 나는 달라지지 않으면서 복만 달라고 하는 신앙이다. 번영신앙, 기복신앙이 가톨릭 안에 너무도 많았다. 이것 때문에 종교개혁을 감행했다. 그러나 지금의 가톨릭은 이 부분이 많이 정화되고 있다.

반면, 개신교는 오히려 정반대로 가고 있는 것은 아닌가? 교인들은 작은 교회로 가지 않고, 무조건 큰 교회로 가려고 한다. 왜 그런가? 큰 교회로 가는 것을 마치 대기업에 입사하는 것처럼 생각하기 때문이다. 그리고 겉으로는 하나님의 은혜라고 하면서 "돈을 몇 배로 벌었고, 집도 사고, 땅값도 올랐다"라고 자랑한다. 믿음의 결과물로 하나님의 은혜를 내세워 포장하고 있다. 우리는 세상을 섬기는 자들이지 지배하는 자들이 아니다. 고난받는 것을 부끄러워하지 않고, 고난을 피하지 않으며, 고난의 자리에서 하나님을 만나는 신앙인이 되자.

◇◇ 소그룹 모임에서 나눌 질문

성도로서 나의 신앙의 가치는 무엇이고, 잘 산다는 것의 의미는 무엇인가?

1. 지금껏 하나님의 은혜라고 치부하면서 예수 잘 믿어 돈 많이 벌고, 좋은 집 사고, 좋은 차 타고, 부를 누리는 것을 우리의 자랑으로 삼아 오지 않았는지 각자의 삶을 돌아보자.

2. 이번 챕터를 통해 배운 십자가의 고난 가운데 나를 구원하신 예수 그리스도를 믿고 그 분을 따라가는 것의 의미가 무엇인지 함께 나누어 보자.

누구나 십자가 없이 고난을 피하고 섬기지 않고 지배하려고 하며, 세상에서 영광 받고 성공하고 싶어 한다. 과연 나는 어떠한가? 나의 신앙의 가치는 무엇인가? 나의 신앙은 십자가 신학의 사람인가? 개혁된 교회는 계속 개혁되어야 한다는 말을 생각하며 번영신앙, 기복신앙이 무엇인지 생각해보자. 오직 하나님의 능력이요, 하나님의 지혜이신 십자가를 의지하고, 이 땅에서 하나님의 구원받은 자녀로 살아가기를 결심하자.

Review

네 번째 질문, "내 인생의 해결책은?" 영광의 신학 vs 십자가 신학

중세의 가톨릭은 '세상에 살면서 성공해야만 영광스러운 성도가 되어 천국에 갈 수 있다'고 했다. 그러나 종교개혁은 예수님의 십자가를 나누어지는 것이다. 예수님께서 십자가를 지셨으니 나도 십자가를 지는 것을 부끄러워하지 않아야 한다. 십자가를 지고 고난 겪는 편에 서서 천국을 소망하는 것이 바로 제대로 된 인생의 해결책이다. 어떻게든 높아지고 유명해지는 것. 잘 먹고 잘사는 것, 무언가를 이루고 유명해 지는 삶은 기독교의 정신이 아니다. 오히려 십자가를 지러 가는 것이 기독교 신앙이다.

바티칸 광장 자체가 『천국의 열쇠』 모양이다. 교황만이 가지고 있다는 천국의 열쇠 모양이다. 루터가 아무리 95개 조 반박문을 붙여도 천국열쇠를 쥔 교황은 꿈쩍도 하지 않았다. 천국열쇠는 신앙을 지배하고 세계를 지배하고 삶과 죽음을 초월하여 모든 것을 다 가졌다는 가톨릭의 자존심을 상징한다. 루터가 목회하였던 비텐베르크시(市) 교회 안에 있는 제단화이다. 개신교의 모든 신학이 다 들어가 있는 그림이다. 제단화의 하단에는 설교, 오른쪽에는 참회, 왼쪽에는 세례, 중앙에는 성찬에 관한 아주 중요한 내용들을 담고 있는 개신교의 핵심이 다 들어 있다.

예수님의 십자가의 반대편에 서 있는 수많은 성인을 위해 11월 1일부터 8일까지를 위령성월로 정해서 위령미사를 드린다. 11월 1일은 모든 성인을 위

한 〈만성절〉이다. 성인들이 예수님의 십자가를 무시하고, 예수님의 자리를 차지하던 바로 이때 마틴 루터가 1517년 10월 31일(만성절 하루 전날 밤) 만인성자교회에 95개 조항을 붙이면서 종교개혁을 일으켰다. 요즘에는 10월 31일(만성절 전야)을 '할로윈 데이'로 지키고 있다. 켈트족의 전통적인 풍습이다. 11월 1일 만성절에 모든 귀신을 쫓아내고, 귀신들이 나에게 해코지하면 안 되기 때문에 내가 귀신인 척하면서 할로윈 데이를 보낸다. 귀신인 척 꾸미고 사탕을 나눠주며 귀신들을 내쫓는 날이 바로 만성절 전야이다. 하지만 우리는 종교개혁을 했기 때문에 할로윈 데이에 마음을 빼앗기지 않으면 좋겠다.

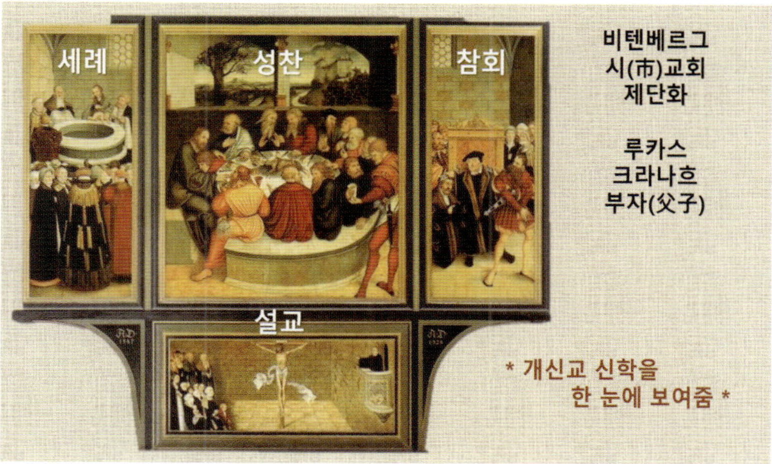

"

올바른

믿음은

무엇인가?

"

◇◇

신앙생활을 하기 위해서는 올바른 믿음을 가지는 게 참 중요하다. 마지막 날 주님 앞에 서게 될 때 나는 주님을 믿었다고 생각하지만, 주님께서 우리를 모른다고 하시면 어떨까? 그래서 열심히 신앙생활을 하는 것보다 올바르게 하는 것이 더 중요하다. 빨리 가는 것보다 바르게 가는 것이 더 중요하다는 말은 신앙생활에도 해당된다.

마태복음 7:22-23 "그 날에 많은 사람이 나더러 이르되 주여 주여 우리가 주의 이름으로 선지자 노릇 하며 주의 이름으로 귀신을 쫓아 내며 주의 이름으로 많은 권능을 행하지 아니하였나이까 하리니 그 때에 내가 그들에게 밝히 말하되 내가 너희를 도무지 알지 못하니 불법을 행하는 자들아 내게서 떠나가라 하리라"

1

중세교회와 신앙 – "절대 권위 앞에서의 두려움"

가톨릭은 신앙을 사람이 하나님을 찾아가는 과정으로 이해했다. 죄인인 인간이 선하게 되기 위해서는 율법을 준수해야 했다. 또한 가톨릭은 성경 외에도 교회의 전통을 강조하며 율법 준수를 위해 성경의 권수를 늘렸다(성경–개신교 66권, 천주교 73권).

중세 시대의 신앙은 절대 권위 앞에서의 두려움이 존재했다. 교황은 무소불위의 권위를 가졌다. 당연히 교황의 권위는 모든 사람에게 두려울 수밖에 없는 힘이었다. 사람들은 하나님도 제단화에 나온 그림처럼 두려운 분, 심판하는 분이라 여겼다.

또한 가톨릭은 신앙을 사람이 하나님을 찾아가는 과정으로 보았다. 그래서 자격 없는 사람이 하나님을 찾아가려고 할 때 어려움이 생기니까 하나님 앞에 나가기 위해서는 율법을 준수해야 한다고 가르쳤다. 죄인인 인간이 선하게 되기 위해서는 율법을 준수해야 한다. 그래서 가톨릭은 성경을 늘렸다. 개신교 성경은 66권(구약 39권/신약 27권)이지만, 천주교는 73권이다. 가톨릭은 성경 외에 교회 안에서 내려오는 설교, 규범, 불문율 등의 전통을 강조하기 위해 7권을 추가했다.

◇◇ 가톨릭의 외경 vs 기독교의 정경

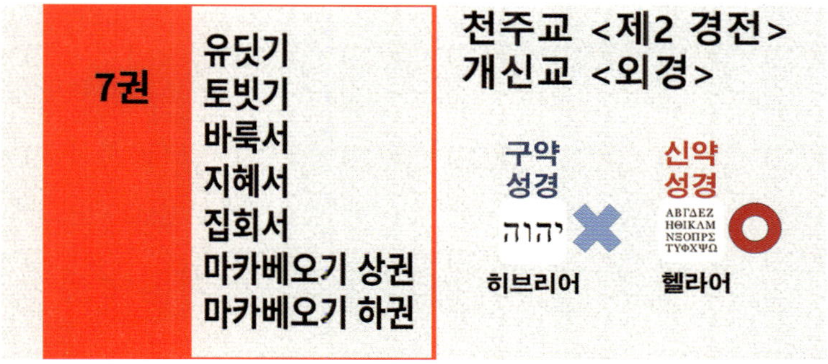

가톨릭이 추가한 구약은 유딧기, 토빗기, 바룩서, 지혜서, 집회서, 마카베오(상), 마카베오(하) 총 7권이다. 가톨릭에서는 이러한 구약 7권을 '제2 경전'이라고 부른다. 경전은 정경을 뜻한다. 이는 성경으로 본다는 말이다. 그러나 개신교에서는 가톨릭의 구약 7권을 정경이 아닌 '외경'이라고 부른다. 정경이 아닌 바깥에 있다고 해서 외경이라 칭한다.

그러면 개신교가 가톨릭의 7권을 외경이라고 하는 이유는 무엇일까? 구약성경은 히브리어로 쓰여 있고, 신약성경은 헬라어(그리스어)로 쓰여 있다. 그런데 천주교는 7권을 구약이라고 부른다. 구약이라고 하면 히브리어로 쓰여 있어야 맞는데, 실제로 7권은 헬라어로만 쓰여 있다. 그래서 개신교와 유대교에서는 헬라어로 쓰인 7권을 인정하지 않고, 외경이라고 칭한다.

그렇다면 왜 가톨릭은 외경을 제2 경전이라 주장할까? 첫째, 교회가 정했다는 데 의미를 두고 있다. 교황이 성경이라고 결정했기 때문에 정경에 들어가는 데 문제가 되지 않는다고 생각한다. 역사적으로 382년 로마 주교회의에서 결정했고, 이것을 또 397년 카르타고 공의회에서 정경으로 채택했다. 그런데 교회의 전통으로 정했다고 되는 일이 아니다. 성경은 성경을 통해 입증되어야 경전이다. 히브리어 원본이 없는 성경을 정경이라고 인정하는 것에 개신교는 저항했다.

둘째, 가톨릭에서 정한 제2 경전에는 연옥 교리가 들어있다. 가톨릭은 마카베오 하권 12장 45절을 근거로 연옥을 주장한다("그러므로 그가 죽은 이들을 위하여 속죄한 것은 그들이 죄에서 벗어나게 하려는 것이다"). 하지만 외경은 불완전하다. 그래서 개신교와 유대교는 이를 정경으로 인정하지 않는다. 그뿐만 아니라 성경 66권에는 연옥이 나오지 않는다. 그래서 개신교는 연옥을 인정하지 않는다.

유한한 삶을 대신할 성인에 대한 믿음이 필요함

마리아를 성모-하나님의 어머니, 공속자로 부름

중세 사람들은 삶이 유한하다는 한계를 가졌기 때문에 이를 보완할 방법으로 성인들을 믿게 했다. 자연스럽게 만성절이 중요하고, 위령성월이 중요하고, 위령미사가 중요해졌다. 죽은 성인들이 현세를 살아가는 우리에게 도움을 줄 것이라고 믿었다. 거기에 마리아는 예수님의 어머니이기 때문에 제일 높은 분으로 칭한다. '성모'라는 뜻은 예수님의 어머니를 뜻하는 것이 아니고, '하나님의 어머니'를 뜻한다.

예수님은 하나님이시다. 삼위일체의 한 위격을 담당하시는 하나님이

시다. 그런데 마리아가 하나님의 어머니라면 어떤 위치란 말인가? 이것이 가톨릭의 공식 교리이다. 그래서 개신교는 그들의 교리를 반대한다. 성경에는 마리아가 천사 가브리엘의 말에 겸손히 순종했을 뿐이다(눅1장). 그런데 마리아가 어떻게 하나님의 어머니인가? 가톨릭은 마리아가 평생 처녀로 살다가 죽지 않고 승천했다고 전한다.

하지만 신약에는 예수님의 동생들이 많이 등장하고 있다(눅8:19; 요7:5). 성경에는 마리아가 요셉과 결혼했고, 많은 아이를 낳고 살았다고 전한다. 그러나 승천했다는 기록은 성경에 나오지 않는다. 그런데도 가톨릭은 하나님의 어머니가 인간 남자랑 잠을 잘 수가 없고, 인간을 낳을 수가 없고, 인간으로 죽을 수가 없다고 하면서 마리아를 성모로 만들어 신성화 작업을 하고 있다. 만약 마리아가 평생 처녀로 살다가 죽지 않고 승천했고, 지금도 마리아가 우리를 도와주고 우리를 대신해서 기도하고 우리를 돌봐준다고 한다면, 마리아가 하나님이고 이것은 〈마리아교〉라고 볼 수밖에 없다.

언젠가 가톨릭 TV에서 방영된 장면이 생각난다. 예수님과 마리아의 형상이 화면에 비춘 모습이다. 마리아는 인자한 얼굴로 누구든지 받아줄 것 같고 금방이라도 그녀에게 안기고 싶은 모습이었다.

가톨릭에서 예수님은 흠숭의 대상으로 본다. 흠숭이란 흠모하고 숭배한다는 뜻이다. 그러면서 예수님은 신앙의 대상이며 우리의 중개자이시라고 한다. 그런데 마리아는 그냥 공경하는 것이라고 한다. 예수님의 어머니라서 공경하는 것인데, 전구(간구를 전달해 주는 것) 하는 역할이 가능하다고 한다. 공식적으로는 마리아를 섬기는 것이 아니고, 마리아가 우리의 간구를 전달해 주고 있다고 한다.

그런데 한번 생각해보자. 우리도 힘들거나 마음이 어려우면 다른 사람에게 기도를 부탁한다. 그런데 마리아에게 부탁하는 것과 이것을 같다고 이해하면 될까? 그렇지 않다. 기독교는 죽은 사람과 어떠한 교제도 나눌 수 없다. 단절로 여긴다. 오직 교제는 살아있는 사람과 나눌 수 있다. 물론 인간이 죽으면 하나님의 품 안에서 영원한 교제를 누린다. 그러나 이것은 하나님과 누리는 것이지 인간이 죽은 자와 누리는 교제를 의미하는 말이 아니다. 성경 어디에도 죽은 자와 교제하거나 전구한 내용이 없다.

우리가 잘 아는 부자와 나사로의 비유에서도 죽은 부자는 현세로 못 돌아왔다. 죽고 나서는 끝이다. 그런데 가톨릭은 이미 2천 년 전에 죽고 없는 마리아에게 지금도 계속해서 간구하며 전구를 부탁한다. 그래서 가정마다 인자해 보이는 성모상을 집에 두고 기도하면서 성모가 기도를 전구 해주도록 하고 있다. 이것이 가능해지려면 가톨릭의 중요한 4가지 교리를 알아야 한다.

◇◇ 가톨릭의 4가지 교리

첫째, 431년 에베소 종교회의에서 '마리아는 하나님을 낳은 자'라고 공포했다. 그래서 마리아는 하나님의 어머니라고 교황 첼레스티노 1세가 선포했다. 그런데 에베소가 어떤 곳인가? 에베소는 아데미 여신을 섬기는 도시로 매우 음란한 도시이다. 또한 디모데가 목회한 곳이며 바울이 3년간 고생한 곳이다. 데살로니가 교회는 3주 만에 복음이 전해졌는데 에베소는 3년을 해도 전도가 안 될 정도로 악한 도시였다. 영적으로 무지하고 악한 도시인 에베소에서 내린 결정을 보자. "아데미 여신을 섬기듯이 우리도 마리아 님을 섬기자!" 그래서 마리아를 하나님의 어머니라고 정했다.

둘째, 469년 라테란 공의회에서 '마리아는 영원한 처녀였다'라는 교리를 완성했다. 이것을 '성모 평생 동정설'이라 한다. 마리아는 동정녀로 아이 낳고, 동정녀로 살다가, 동정녀로 죽었다는 것이다.

셋째, 1854년 '마리아는 원죄 없이 잉태되어 태어났다'라는 '성모 무염시태'를 주장하기 시작했다. 마리아는 원죄 없이 잉태되어 태어났다는 것이다. 예수님을 낳기 전부터 원죄가 없었고, 예수님을 낳으려면 깨끗해야 하는데 당연히 원죄가 있을 수 없다는 주장이다.

넷째, 1950년 교황 비오 12세는 '마리아는 죽음을 보지 않고 승천했다'는 '마리아 승천설'을 확정한다.

네 가지 가톨릭의 공식 교리를 믿어야 마리아를 '성모'라고 부를 수 있고, 성모상을 집에 모셔놓고 묵주를 돌리면서 "성모님 내 기도를 들으시고 전해 주소서"라고 할 수 있다. 그래서 이 부분이 천주교와 개신교가 정말로 해결이 안 되는 부분 중의 하나이다.

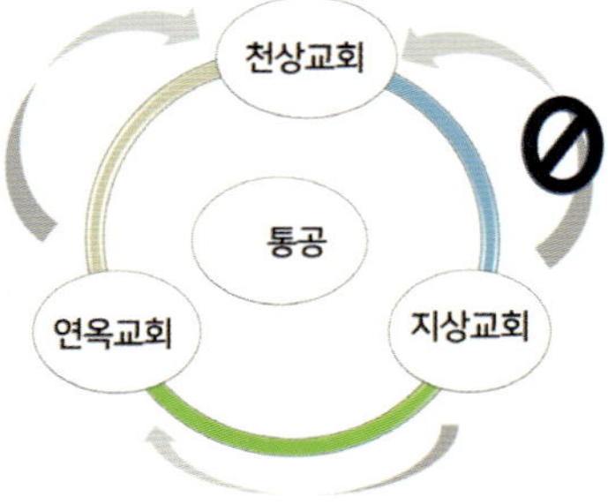

◇◇ 가톨릭의 연옥 교리

또한 가톨릭의 연옥 교리는 개신교의 교회론과도 큰 차이를 보인다. 그들은 세 가지 교회론을 말한다. 천상교회, 연옥교회, 지상교회이다. 먼저 천상교회는 천국을 의미하고, 연옥교회는 연옥에 있다. 그리고 지상교회는 지금 여기에 있는 교회를 의미한다. 성도가 지상교회에서 신앙 생활하다가 죽으면 천상교회가 아닌 연옥교회를 가게 된다.

대부분의 사람은 성인이 아니기 때문에 연옥교회에 간다는 것이다. 그리고 연옥교회에서 천상교회로 가려면 '통공'이라는 방법이 필요하다. 통공은 성인의 공로로 천국에 가는 길이다. 그런데 통공의 제일 큰 역할을 하는 사람은 하나님의 어머니이신 성모 마리아다. 마리아를 통해서라면 하나님도 내가 움직일 수 있지 않을까? 그래서 마리아의 공로를 통해서 연옥에서 천국으로 올라간다는 것이 연옥 교리이다.

또한 연옥 교리는 제사를 인정한다. 연옥 교리 자체가 가능해지려면 산 자가 아닌 죽은 조상이 도와줘야 한다는 논리인데 죽은 자에게 드리는 제사를 반대할 이유가 없다. 그래서 가톨릭의 제사는 망자(고인)와 통공을 한다. 죽은 조상의 기도와 믿음을 내가 받겠다는 것이다. 이것은 죽은 이들을 공경하는 게 아니라 망자의 공로를 받고자 하는 것이고, 조상의 공로로 연옥에서 천국으로 가겠다는 이기적인 제사일 뿐이다.

◇◇ 루터가 사제가 된 배경

루터는 청년 시절 죄의식의 문제로 깊이 고민하다가 벼락 치던 밤, 사제가 되기로 서원했다.

고해성사의 의무는 일 년에 한 번이다. 그런데 루터는 담당 사제에게 매시간 가서 고해했다. 그는 왜 그랬을까? 루터는 아무리 생각해도 자기가 너무도 큰 죄인이라고 생각되어서 고해하지 않을 수 없었다. 그는 벼락 치는 밤에 벼락 맞은 나무가 꺾어지는 것을 보고 두려운 마음에 사제가 되기로 서원했다. 루터는 원래 법학도였다. 문학과 법학을 전공한 법학사였는데, 번개 치던 어느 날 밤 사제가 되기로 결심하고 아우구스티노 수도원으로 들어갔다.

그러면 사제가 되고 난 이후 과연 죄의식을 극복했을까? 아니다. 루터는 교황이 있는 로마에 가면 내 죄를 씻을 수 있지 않을까 하는 기대감으로 로마의 라테란 성 요한 성당을 찾아간다.

로마 라테란 성요한 성당

◇◇ 거룩한 계단

여기에는 거룩한 28계단이 있다. 이곳을 루터가 무릎으로 올랐다. 오른쪽에는 예수님께 입 맞추는 가룟 유다가 있고, 왼쪽에는 예수님을 심문하는 빌라도가 있다. 이 계단은 지금 로마에 있지만 실제로는 예루살렘 빌라도 총독 관저 법정에 있었다. 이것을 콘스탄티누스 대제의 어머니 헬레나가 예루살렘에 있던 28 대리석 계단을 통째로 뜯어 와서 로마 라테란 성 요한 성당 바로 옆에 있는 교황의 개인 성당에 설치했다.

지금도 일 년 내내 가톨릭 교인들이 와서 이 계단을 무릎으로 올라간다. 이 계단은 한 계단마다 적어도 30분씩 무릎 꿇고 앉아서 자신을 돌아보고 참회하면서 자기 죄를 온전히 다 내려놓아야 한다고 한다.

루터도 1510년에 이곳에 가서 28계단을 무릎으로 올라갔다. 그런데 끝까지 다 올라갔지만 아무 일도 벌어지지 않았다. 계단 끝에는 가장 거룩한 장소라고 불리는 교황의 집무실만 있었다. 그 순간 루터는 자신의 문제를 깨닫고 더 깊이 절망하게 된다. '인간의 노력으로는 할 수 있는 게 없구나.' 무릎이 피투성이가 되도록 올라갔지만, 자신의 죄는 그대로인 것을 깨달았다.

거룩한 계단 (Scala Sancta)

로마 라테란 성요한 성당 옆
교황의 개인 성당인
산 로렌초 성당의 28계단

콘스탄티누스 대제의 어머니
헬레나가 예루살렘에 있던
빌라도 관저의 대리석 계단을
통째로 가져다 설치한 것

• 1510년 가을, 루터가 방문

◇◇ 성경읽기

“내가 복음을 부끄러워하지 아니하노니 이 복음은 모든 믿는 자에게 구원을 주시는 하나님의 능력이 됨이라 먼저는 유대인에게요 그리고 헬라인에게로다 복음에는 하나님의 의가 나타나서 믿음으로 믿음에 이르게 하나니 기록된바 오직 의인은 믿음으로 말미암아 살리라 함과 같으니라” (로마서 1:16-17)

복음을 부끄러워하지 않는다는 말씀은 복음을 자랑하고 외치고 사람들에게 전하는 일이 행복하다는 말이다. 복음은 모든 믿는 자에게 구원을 주시는 하나님의 능력이 되는데 이것은 나의 고행, 수고, 율법을 지킴으로 가능한 일이 아니다. 오직 복음의 능력에서 비롯된다.

그런데 순서가 이상하다. 로마서 말씀에 먼저는 유대인이고, 그다음이 헬라인이라고 했다. 당시 유대인은 완전히 구원받은 사람들이었고, 헬라인은 지옥 가는 백성이었다. 그런데 이 두 부류를 똑같다고 했다. 믿음이라는 것은 복음 안에서 아무런 차별이 없고 똑같다는 말씀이다. 목사나 이제 막 예수 믿은 초신자나 복음 안에서는 똑같다는 말이다. 교단의 총회장이나 가장 작은 교회에 다니는 어린아이나 누구나 차별 없이 복음 안에서는 똑같다는 말씀이다. 우리가 30년을 믿었던, 3주를 믿었던 차등을 두지 않는다는 말씀이다.

복음은 하나님의 능력 안에서 똑같다. 복음에는 하나님이 의롭다고 하신 ‘의’가 사람에게 전가되기 때문에 행위나 공로가 인정되지 않는다. 우리의 고난, 고행, 수고는 낄 자리가 없다. 그래서 오직 믿음뿐이다. 오직 믿음으로 살고 하나님 나라 백성이라 인정받을 수 있다.

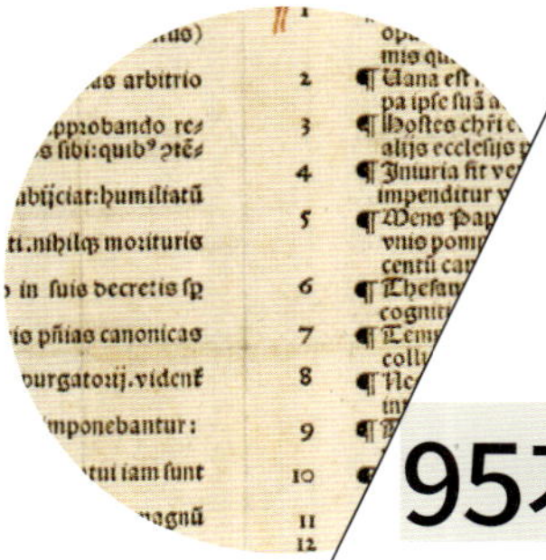

95개조 반박문의 **해석**

14조 : 영적인 강건함과 온전한 사랑을 이루지 못한 채 죽어가는 사람은 필연적으로 공포를 초래할 것이다. 온전함을 채우지 못한 만큼 그에 따른 공포도 커진다.

율법을 행하는 사람들, 나의 공로를 의지하는 사람들은 영적인 강건과 온전한 사랑을 이루지 못하고 죽을 수밖에 없고, 그에 따른 지옥의 공포도 커진다.

65조 : 복음의 보화는 그물과 같아서, 예로부터 그 그물로 사람들을 풍성히 건져 올렸다.

그물로 물고기를 건져 올릴 때 물고기가 황금색인지, 은색인지, 동색인지, 많이 배웠는지, 좋은 집안인지 아무런 상관없다. 그보다는 그물이 튼튼한가가 중요하다. 물고기가 얼마나 좋은 출신인지는 상관이 없다. 그물로 건져 올리면 그뿐이다.

복음도 그러하다. 복음 앞에서는 우리가 배운 것, 가진 것, 피부색, 남자, 여자 등의 조건과 이유가 필요 없다. 복음의 보화는 그물과 같아서 우리를 넉넉히 건져 올린다. 내가 누구이든 상관없다. 복음으로 구원받을 만하다.

2

종교개혁의 결과

◇◇ 가톨릭의 예배와 구원 vs 개신교의 예배와 구원

예배 : 가톨릭은 매주 미사를 예수님의 희생 제사로 드림. 매번 성찬과 사제의 축성 강조 => 개신교는 매주 예수님이 이미 이루신 부활의 승리를 기뻐하는 잔치로 예배함

가톨릭은 희생 제사를 지낸다. 내가 깨끗해져야 하고, 더 새로워져야 하는 데 필요한 것이 제물이다. 그런데 나는 죽기 싫으니까 예수님을 희생 제사의 제물로 바친다. 그리고 매번 성찬을 한다. 성찬을 매주 해야 할 이유는 없다. 그러나 가톨릭은 매주 성찬을 한다. 매주 예수님을 나 대신 제단에 올리고 그 피로 내가 깨끗해지기 위해서이다. 하나님 말씀의 선포보다는 성찬을 더 강조한다. 그리고 성찬을 할 때 제일 중요한 것이 사제의 축성이다.

반면 개신교에서는 받는 자의 믿음이 있어야만 성찬의 효력이 있다고 본다. 가톨릭에서 사제의 축성은 "이 떡과 포도주를 예수의 피로 바꾸어 주소서"라는 선포가 중요하다. 축성이 없으면 그냥 빵이고 포도주이지만 사제의 축성을 통해서 이것이 성체가 되고 성혈이 된다고 믿기 때문이다.

그런데 루터는 이것이 축성이 맞는다고 하면 '교회에서 제일 거룩한 것은 사람이 아니라 쥐 새끼다'라고 했다. 왜 그런가? 빵과 포도주를 전날 밤 미리 준비해 두는데 축성된 성체와 성혈을 쥐들이 와서 먼저 먹기 때문이다. 그들의 논리에 따르면 쥐들이 먼저 거룩해졌다.

그러나 개신교는 성찬은 믿음으로 먹는 자들에게 은혜가 임한다고 믿는다. 사제가 축성했다고 해서 거룩한 떡과 포도주가 되는 것이 아니라고 저항했다. 무엇보다 **개신교는 예수님이 이미 이루신 부활의 승리를 기뻐하는 잔치로 예배한다.** 개신교에서 주일에 예배하는 이유는 예수님이 주일에 부활하셨기 때문이다. 그래서 주일은 작은 부활절이다. 주일마다 이미 이루신 부활의 승리를 다 같이 기뻐하는 잔치로 예배한다.

구원 : 가톨릭은 인간의 믿음엔 한계가 있기에 익명의 그리스도인을 주장(불신자도 양심으로 구원 받는다고 주장) **=〉 개신교는 오직 믿음으로만 구원을 얻기에 복음 전도에 힘씀**(Sola Fide)

인간의 믿음에는 한계가 있다. 그래서 가톨릭에서는 '익명의 그리스도인'이라는 교리를 만들었다. 이 교리는 제2 바티칸 공의회에서 공인된 교리로 '불신자도 양심으로 구원받는다'라는 내용이다. '교회 안 나와도 되고, 성경 안 읽어도 되고, 그리스도 몰라도 되고, 하나님 몰라도 된다. 저 사람은 익명의 그리스도인이야.' 교회 명부에는 등록이 안 되어 있지만 저 익명의 사람은 양심적으로 살았기 때문에 구원받을 수 있다고 주장했다. 왜 이런 생각이 나왔을까? 인간의 행위로는 구원을 담보할 수 없기 때문이다. 그러니까 교회 안 나와도 되고, 예수 안 믿어도 된다고 하였다.

◇◇ 칼 라너의 익명의 그리스도인

독일의 사제이자 신학자인 칼 라너(Karl Rahner)는 '누구나 양심적으로만 살면 그리스도인으로 봐야 한다'고 했다. 그렇게 익명의 그리스도인 교리는 전 세계적으로 환영받았다. 불교를 믿어도 되고, 사이비나 통일교를 믿어도 된다. 왜 그런가? 그들도 익명의 그리스도인이기 때문이다. 자기 양심에만 충실하면 누구든지 괜찮다고 한다. 그래서 천주교는 전도하지 않는다. 전도할 필요가 없다. 왜? 양심대로 살면 천국 갈 거니까! 천국 못 가면 연옥에 갈 거니까! 연옥에 가게 되면 통공을 해서 천국 갈 거로 생각한다.

그래서 가톨릭에 대한 사람들의 이미지는 신사적이다. 사회적으로 볼 때 기독교보다 천주교가 훨씬 더 환영받는다. 제사도 지내고, 술 먹고, 담배 피워도 된다. 교회 나오라는 말도 하지 않는다. 양심껏 살면 익명의 그리스도인으로 연옥에 갈 것이고 부족하면 부모가 통공을 해주면 된다.

그러나 개신교는 이런 것들을 거부한다. 사람에게 좋은 소리 듣자고 칭찬받자고 예수님을 믿는 것이 아니다. 개신교는 오직 믿음을 강조하며 복음을 전한다. 구원받는 길은 다른 방법이 없으므로 전도하며 알린다. 구원은 오직 예수님을 통해서만 얻을 수 있다.

3

종교개혁의 질문 – "올바른 믿음은 무엇인가?"

종교개혁 이전 : 인간이 하나님 앞에서 더 많이 순종하여 율법을 온전히 이뤄야 한다.

종교개혁 이전 가톨릭은 더 헌신하고, 더 열심히 하고, 더 영성체하고, 더 기도하고, 더 많이 선행하는 것을 올바른 믿음이라고 가르쳤다.

종교개혁 이후 : 하나님께서 우리를 위해 더 많이 이미 행하신 복음을 믿는 것이다.

종교개혁 이후 올바른 믿음은 결국 복음이다. 하나님 사랑, 이웃사랑이 우리에게는 필요하다. 그러나 율법으로만 끝나면 안 된다. 복음으로 끝나야 올바른 믿음이라 할 수 있다.

이것은 중세 시대의 그림이다. 가운데에 있는 여왕 같은 사람이 마리아이다. 양쪽에서 관을 씌워 주시는 분은 하나님과 예수님이시다. 관 위에는 성령 비둘기가 있다. 삼위일체 하나님은 왜 존재하는가? 마리아의 승천을 위해 존재한다. 우리가 알고 있는 성경 속의 법궤는 원래 그룹의 날개 사이로 보이지 않는 하나님이 거하시는 곳이다.

그런데 법궤 위에 아기 예수님을 안고 있는 마리아가 올라 서 있다. 아기 예수님보다 마리아가 훨씬 더 많이 화려하게 치장하고 있다. 누가 봐도 마리아가 하나님이다. 이런 모습으로 법계처럼 만들어 놓고 들고 다닌다. 이것이 '마리아의 법궤'이다. 이것이 과연 옳은 것인가? 누가 하나님을 대신할 것인가?

구원받은 우리는 기억하자. 내 힘으로 되지 않는다. 다른 무엇으로도 되지 않는다. 우리가 얻은 구원은 예수 그리스도를 통해서만 얻을 수 있다. 그래서 은혜이다. 율법이 아닌 복음으로 얻기 때문이다. 그 누구도, 그 무엇도 대신할 수 없다.

◇◇ 결론

율법은 죄를 지적하고 드러내고 고발하며 죄인을 정죄하고 죽인다. 반면 복음은 죄를 용서하고 덮어 주며 죄인을 살린다. 그래서 루터는 성경의 어느 본문을 읽더라도 이 율법과 복음의 원리에 의해서 해석되어야 한다고 주장했다. 이것은 나 중심에서 하나님 중심으로의 이동을 뜻한다.

율법은 죄를 지적한다. "너 왜 안 했어? 그 정도밖에 못 해?"라고 지적하며 지키지 못한 일을 드러낸다. 그리고 하나님께 죄를 고발하는 역할을 한다. 이것이 율법의 역할이다. 율법은 우리의 죄를 드러내고 알려주는 데 효과적이다. 그러나 율법으로만 끝나면 안 된다. 그러면 살 사람이 아무도 없다.

반면 복음은 죄를 용서하고 덮어주며 죄인을 살린다. 우리는 율법이 아닌 복음을 의지한다. 내가 율법을 따라 살고 있다면 복음으로 건너와야 한다. 루터는 성경의 어느 부분을 읽더라도 이 율법과 복음의 원리에 의해 해석되어야 한다고 주장했다. 율법으로만 끝나면 안 되고 복음까지 가야 한다. 우리를 살리는 복음으로 건너와야 한다.

이것은 바로 '나' 중심에서 '하나님' 중심으로의 이동을 말한다. 나 중심은 '내가 무언가를 해야지! 내가 열심히 살아야지! 내가 성공해야지!'라고 여기지만 복음은 하나님 중심으로 삶의 축을 옮기는 일이다. 하나님이 이미 이루어 놓으신 그분의 승리를 믿고 살아가는 사람이 되는 것! 그것이 바로 '나' 중심에서 '하나님' 중심으로의 변화이다.

◇◇ 소그룹 모임에서 나눌 질문

나는 복음으로 사는 사람인가? 율법으로 사는 사람인가?

＊ 나 중심에서 하나님 중심으로 사는 삶이란 무엇인지 생각해보자. 이번 챕터는 통해 배운 것들을 중심으로 함께 나누어 보자.

Review

다섯 번째 질문, "올바른 믿음은 무엇인가?" : 율법 vs 복음.

'오직 예수 그리스도!' (Solus Christus)

가톨릭은 '인간이 하나님 앞에서 더 많이 순종하고 율법을 온전히 이루는 것'이라고 했다. 그러나 루터는 '하나님께서 더 많이 행하신 복음을 믿는 것'이라 했다. 우리가 행하는 것이 아니라 하나님께서 우리를 위해 미리 행하신 것을 믿고 따르는 것! 이것을 믿는 것이 복음이다.

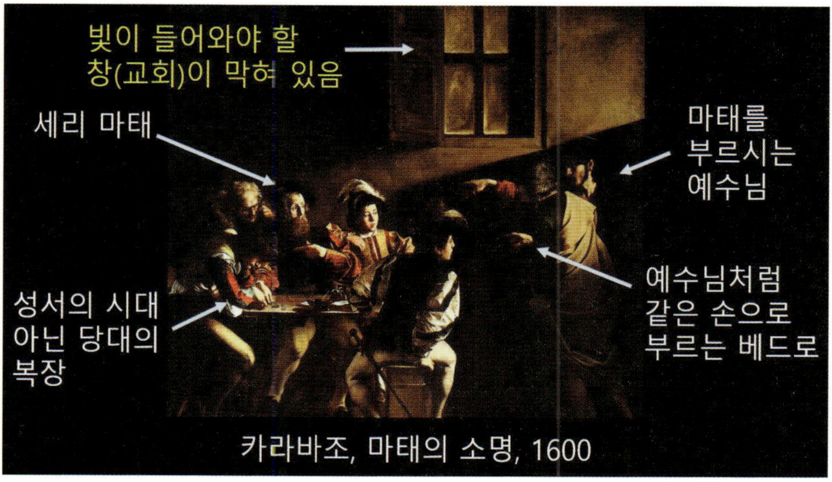

카라바조, 마태의 소명, 1600

종교개혁 당시, 카라바조는 굉장히 유명한 화가이고 이탈리아에서는 화폐에 들어갈 정도로 유명한 사람이다. 여기, 카라바조의 〈마태의 소명〉이라는 그림이 있다. 카라바조가 살던 시대만 하여도 종교개혁과 가톨릭이 같이 혼재하던 시대여서 굉장히 혼란했던 시대였다. 그래서 무엇이 율법이고 믿음이냐에 대해서도 혼재하던 시대였다.

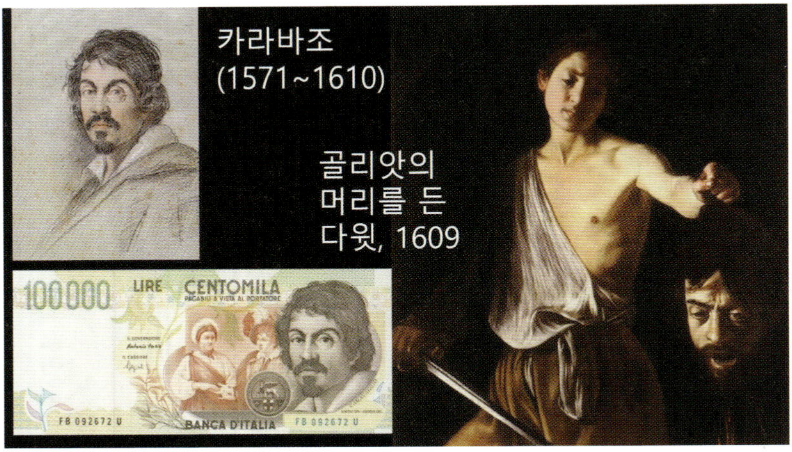

또 하나의 그림인 카라바조가 말년에 그린 〈골리앗의 머리를 든 다윗〉이라는 그림을 보자. 골리앗의 얼굴을 보면 누구를 닮았는가? 바로 자기 자신이다. 자화상이다. 평생 카라바조는 험난한 삶을 살았다. 때론 방탕하기도 했다. 그런데 말년에 이 그림을 그리면서 "나를 좀 용서해 주십시오"라고 하면서 교황에게 보내는 일종의 뇌물로 그림을 그렸다. 교황에게 자신은 이렇게 "목 베임 당하는 골리앗처럼 가치 없는 인생입니다"라며 자기 자신을 탄원하기 위해 그렸던 그림이다.

1600년에 들어섰지만, 아직도 가톨릭과 개신교의 가치가 혼재하던 시절이라는 것을 알 수 있다. 분명히 믿음으로 구원받았지만, 지금까지 나의 삶은 거기에 미치지 못해서 '나는 마치 목 베인 골리앗과 같은 존재'라고 고백하고 있다.

그런데 다윗의 얼굴을 보면 이겼는데도 얼굴이 굉장히 연민에 가득 찬 모습, 수심에 찬 모습을 보인다. 저 얼굴이 누구의 얼굴인가? 바로 카라바조의 유년 시절 얼굴이다. 카라바조는 같은 그림 속에 두 가지 자기 얼굴을 그려 넣었다. 젊은 시절의 자기 얼굴과 말년의 자기 얼굴을 그렸다. '젊은 시절의 나는 다윗처럼 무엇이든지 할 수 있을 것 같았는데 말년의 나는 골리앗처럼 아무것도 할 수 없이 목 베임을 당하였구나'라며 자신의 연약한 모습을 고백한 그림이 〈골리앗의 머리를 든 다윗〉이다.

“내 삶의 가치는 얼마인가?”

◇◇

인간의 몸을 화학적으로 계산하면 적게는 5만 원, 많이 계산해도 10만 원 이하라고 한다. 내 몸이 그 정도 가격인가? 그러면 내 삶의 가치는 얼마일까? 나는 어떤 삶을 살아야 쓸모 있다고 평가받을 수 있을까? 우리는 많은 것을 가져야 성공한 인생이라 생각한다. 그런데 비싼 명품을 걸친다고 해서 과연 내가 달라질까? 좋은 차를 타고, 아무리 좋은 집에 살아도 내 인생의 가치를 찾지 못한다면 과연 행복하다고 할 수 있을까? 과거에 비해 우리는 훨씬 더 잘 살고, 더 좋은 것을 먹고, 더 편안하게 살지만, 행복하다고 하지 않는다. 행복은 외부적인 요인이 아닌 내 삶의 가치를 확인하는 데서 비롯된다.

1

중세교회와 인간의 가치

중세는 유아세례를 받고 생일에 해당하는 성인의 이름을 세례명으로 받아 성인에게 중재와 보호를 구했다. 인간의 70년 평생이라 여기고 7 성사로 지배하고 개입하는 가톨릭에 대해 루터는 이를 '이스라엘의 70년 포로 생활'로 풍자하고 『교회의 바벨론 포로』라는 논문을 발표했다.

중세는 누구나 태어나면 유아세례부터 받았다. 세례는 성사인데, '성사'를 하면 구원받는다고 믿었다. 반대로 성사를 받지 않으면 구원받지 못한다고 믿었다. 그런데 유아세례를 받았다는 표시는 무엇인가? 생일에 해당하는 성인, 성자의 이름을 세례명으로 받는 것이다. 그래서 아이가 태어나면 성인에게 하나님과 나 사이의 중재를 부탁했다. 그리고 나를 보호해 달라고 했다.

마틴 루터도 1483년 11월 10일 독일 아이슬레벤에서 태어나 다음 날인 11월 11일 교회에서 유아세례를 받았다. 독일의 겨울은 매우 추운데 갓난아기가 태어나자마자 하루 만에 교회에서 찬물로 세례를 받게 했다. 11일은 때

마침 성 마르틴의 축일이었다.

◇◇ 마르틴이라는 이름이 붙게 된 이유

성 마르틴의 축일이었기 때문에 그 이름을 본떠 '마르틴' 루터가 되었다. 그날 세례받은 아기들은 다 마르틴이 된다. 오늘날 유아세례를 태어나고 바로 받지 않는 것과 다른 이유는, 당시에는 유아사망률이 워낙 높아서 아기가 언제 죽을지 모르기 때문에 유아에게 하루라도 빨리 세례를 주어서 아기를 안전하게 구원받드록 보호하려고 한 것이다. 그리고 교회는 이런 방법으로 사람들을 교회의 영향력 안으로 끌어들였다.

또한 루터는 사제가 되기 전 법학도였는데, 1505년 7월 2일 벼락이 하늘에서 내려오는 것을 보고 죽음의 두려움을 느꼈다. 그래서 두려워 떨며 사제가 되겠다고 서원했는데, 하나님께 한 것이 아니라 '성 안나'에게 서원했다. 종교개혁 이전까지의 사고방식은 하나님을 찾는 게 아니라 하나님과 나 사이에 있는 수많은 성인을 먼저 찾았다. 이런 사고방식은 성인들이 나를 중재하고 보호한다고 생각했기 때문이다. 그래서 마틴 루터도 성 안나에게 도움을 구하며 서원했다.

| 루터의 돌

◇◇ 루터의 돌

루터가 성 안나에게 서원했던 자리에는 기념비적인 돌이 세워졌는데, 이 돌에는 “성 안나여. 도와주소서. 그러면 제가 수사가 되겠나이다“ 라는 글이 독일어로 쓰여 있다.

그런데 성 안나는 누구인가? 안나는 마리아의 엄마이면서 탄광의 수호신으로 알려져 있다. 마틴 루터의 아버지는 탄광업을 하는 부유한 사람이었기에 탄광의 수호신인 성 안나를 섬기고 있었다. 그래서 루터도 아버지를 따라 광부의 수호신인 성 안나를 의지하며 살았다. 이처럼 당시 사람들은 자신의 인생을 성인들에게 기대어 살았다.

중세 시대 인간의 수명은 70년이라 여겼다. 70년 평생을 7 성사를 통해 지배하고 인간을 묶어 두었다. 그래서 루터는 훗날 이것을 생각해볼 때, 마치 이스라엘이 바벨론의 70년 포로 생활을 한 것과 비슷하다고 생각했다. 인생의 가치가 태어날 때부터 성인에게 매여 일평생 교회라고 하는 굴레 속에 갇혀 사는 것이 마치 교회의 바벨론 포로와도 같다는 것이다. 루터가 볼 때 인간의 70년 평생은 70년 포로 생활을 하는 것과 같았다.

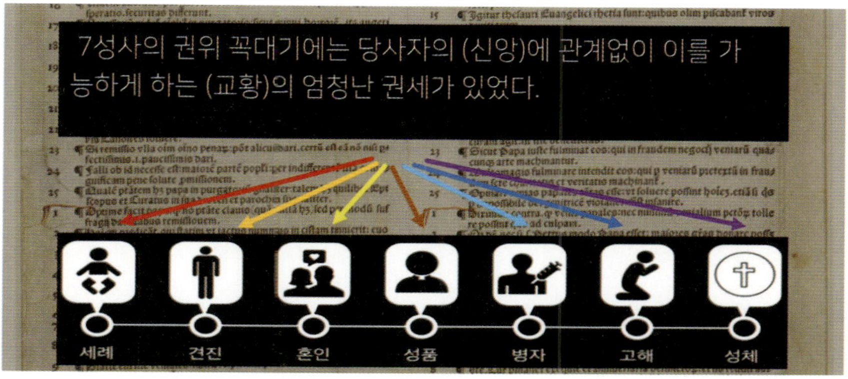

◇◇ 교황의 지배력과 7성사

또한 사람의 인생을 옭아매는 7 성사의 주인공이 엄청난 권세를 가진 교황이라는 사실을 깨달았다. 이 점이 개신교와 가톨릭의 가장 큰 차이가 된다. 개신교는 교황이 없어도 신앙생활이 가능하다. '자유'라는 개념은 교황과 별개로 신앙생활을 할 수 있느냐 하는 것이다. 그런데 가톨릭은 교황이 없으면 신앙생활을 할 수 없다. 교황이 주도하고 그 밑에 추기경, 주교, 여러 사제들의 조직체계가 없으면 가톨릭은 신앙생활을 할 수 없다.

그리고 7 성사는 태어나면서부터 세례성사, 청소년이 되면 견진성사, 결혼할 때는 혼인성사, 신부가 되려면 성품성사, 아프거나 죽을 때는 병자성사, 죄를 지으면 고백성사, 성찬에 참여하는 성체성사를 의미한다. 7 성사는 인간의 삶을 빈틈없이 통제하고 있다. 그리고 이 모든 것은 교황의 영향력 아래 사제를 통해 제공된다.

세례는 주교의 허락을 받은 사제가 준다. 견진은 주교가 축성한 기름(성유)을 바르면서 성령을 준다고 하면서 성사를 준다. 견진도 사제가 축성한 기름을 바르면 된다. 혼인성사도 사제가 혼인 반지에 성수를 뿌려 주면 혼인할 수 있다. 모든 것이 사제가 있어야만 가능하다. 성품성사도 주교가 있어야만 가능하다. 병자성사는 아픈 사람에게 사제가 가서 해야 가능하다. 고백성사도 사제가 들어주지 않으면 아무 소용이 없다. 성체성사는 사제가 축성해야만 떡이 예수님의 몸으로 변하고, 포도주는 예수님의 피로 변한다.

결국 인간의 생사화복과 인생의 모든 단계를 주관하는 7 성사는 교황의 어마어마한 영향력 아래 인간을 지배하기 시작했다. 그러므로 7 성사를 받지 못한 인생은 죽은 목숨과 마찬가지라 할 수 있다. 그러니 교황의 영향력은 강력했고, 교황이 배후에서 주장하는 성인의 영향력도 엄청났다. 따라서 인간의 가치는 인간의 모든 일생을 손에 쥐고 있는 교황이 좌우했다.

◇◇ 비텐베르크 만인성자교회 이야기

비텐베르크 만인성자교회이다. 마틴 루터가 95개 조항을 붙인 자리이다. 그 옆에 하얀색 건물은 시청이고 노란색 건물이 비텐베르크시 교회이다. 이곳을 '마리아 교회'라고 부른다. 마틴 루터가 목회한 교회로 약 2천 번의 설교를 했다고 전해진다. 개혁 이전에는 떡만 주었던 성찬이었는데, 떡과 포도주를 함께 주

기 시작하면서 성찬식이 회복되었다. 1535년 최초의 개신교 목사인 요하네스 부겐하겐을 안수했고, 처음으로 회중 찬양을 하며 종교개혁의 모태가 되었다. 비텐베르크시 교회에 있는 제단화는 중세의 제단화와는 달리 개신교 신학을 한눈에 볼 수가 있다. 하단의 그림은 설교에 대한 예수 중심의 교회이고, 그 위의 세 개의 그림도 루카스 크라나흐 부자가 그린 그림이 있다.

자세히 살펴보면 빨간색 옷을 입은 성직자(사제)들이 포도원을 다 뜯어내고 불태우면서 망치고 있다. 그 옆에 검정 옷을 입은 종교개혁자들이 포도원을 다시 일구고 있다. 그런데 성직자들이 망쳐버린 포도원을 종교 개혁가들이 다시 복구하고 있다.

그렇다면, 교황은 무엇을 하고 있는가? 교황은 자기들이 망쳐 놓은 포도원 값을 예수님께 청구하고 있다. 이것이 그 당시 교황의 행태였다. 교황은 돈만 밝히고, 그 돈으로 매관매직하며, 자기 밑의 사람들을 움직였다. 이 당시 교황들은 사생아들을 많이 낳았다. 이 사생아들을 아들로 인정하면 안 되니깐 조카로 둔갑시켰다. 그러면서 교황의 아들인 조카들을 어린 나이에

주교도 시키고 하면서 교황의 힘을 발휘했다. 오른쪽 아래 검정 옷을 입고 모여있는 사람들은 누구일까? 그림값을 낸 사람들이다. 이 당시 그림 하나 그리는 데는 돈이 많이 들었다. 그래서 그림값에 어마어마한 돈을 낸 사람들과 가족들까지 그림 속에 그려 넣어 주었다.

◇◇ 성경읽기

"그리스도께서 우리를 자유롭게 하려고 자유를 주셨으니 그러므로 굳건하게 서서 다시는 종의 멍에를 메지 말라. 형제들아 너희가 자유를 위하여 부르심을 입었으나 그러나 그 자유로 육체의 기회를 삼지 말고 오직 사랑으로 서로 종노릇 하라"(갈라디아서 5:1,13)

교황이 우리의 인생을 좌지우지하는 것이 과연 맞는가? 교황의 권세에 우리가 휘둘리는 것이 과연 맞는가? 그리스도께서는 우리를 자유롭게 하려고 죽으시고 자유를 주셨다. 자유! 이것이 신앙의 핵심이고 인간이 누리는 행복의 가치이다. 또한 그리스도께서 십자가에서 돌아가시면서 우리에게 주신 것이 바로 '자유'이다. 신앙인의 최고의 가치는 '자유'이다. 그러므로 굳건하게 서서 다시는 종의 멍에를 메지 말라고 말씀하신다. 예수님은 너희가 자유 해야지 왜 종이 되려고 하냐고 말씀하신다. 신앙의 자유는 모든 사람을 동일하게 형제로 삼는다. 신앙 안에서 자유를 얻었기 때문에 우리는 서로에게 형제라고 말할 수 있다.

그리고 우리는 죽음에서 생명으로, 흑암에서 빛으로 부르심을 입은 사람들이다. 사탄의 권세에서 예수 그리스도의 희망의 권세로 부르심을 입었다. 그래서 자유는 하나님께서 예수님의 십자가 사건으로 인간에게 주신 최고의 가치이다. 그러나 자유롭다고 해서 내 맘대로 행하고, 내 뜻대로 방탕하게 살거나 방종하지 말라고 권하신다. 자유를 육체의 기회로 삼지 말고, 자유롭게 사랑하기 위해 사용하라 하신다.

또한 내가 다른 사람을 전적으로 사랑한다는 말은 그 사람을 위해 전적으로 헌신할 수 있는 자유가 있다는 뜻이다. 누가 시켜서도 아니고, 사랑으로 우리를 위하여 십자가에서 죽으신 예수님의 온전한 자유가 온전한 사랑이 되어 예수 그리스도처럼 살아가자는 것이다. 그래서 우리도 누군가에게 종속되거나 얽매이지 말고 신앙 안에서 온전한 자유를 누리며 다른 사람을 살려내는 것이 신앙의 가치라 할 수 있다.

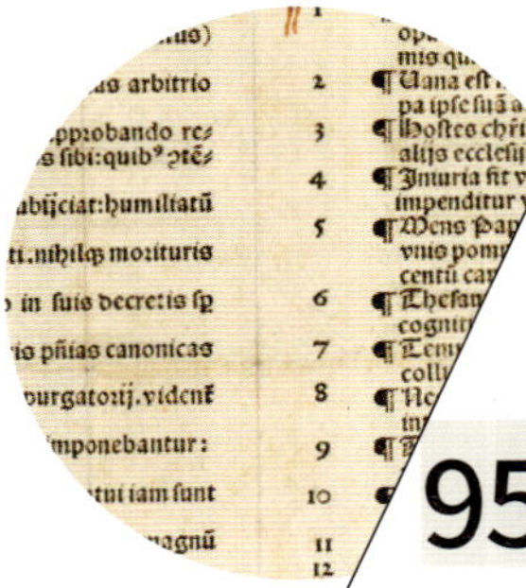

95개조 반박문의 해석

26조 : 교황이 연옥에 있는 영들의 형벌을 사면하기 위해 열쇠의 권위 대신 중보기도를 사용한다면 매우 바람직하다. 사실 교황의 권세는 연옥에 아무런 영향을 끼치지 못한다.

교황이 "나는 연옥에 있는 영혼들의 형벌을 사면할 수 있다.", "내가 천국 열쇠를 가지고 있어서 나의 권위로 연옥 영혼들이 연옥에서 천국으로 올라가게 할 수 있다"라고 자신을 과시하고, 또한 "내 말을 안 들으면 연옥에 있는 너의 부모는 지옥으로 떨어져. 내가 열쇠로 풀지 않으면 끝이야"라는 식으로 사람들을 협박하는 것이 과연 무슨 의미가 있겠는가?

루터는 교황이 만약 훌륭한 신앙인이라면 차라리 그를 위해 중보기도를 하는 것이 더 낫겠다고 말했다. 그리고는 "하나님께 기도도 하지 않으면서 괜한 열쇠 자랑하지 말라. 교황의 권세는 연옥에 아무런 영향을 주지 못해!"라고 외쳤다.

가톨릭에서는 연옥에 있는 사람들을 천국으로 올려보낼 수 있는 열쇠를 쥐고 있는 사람이 교황이라고 했다. 교황은 어느새 하나님보다 더 높은 천국열쇠, 천국 입장권을 쥐고 있는 것처럼 보였다. 하지만 누구나 교황에게 파면당할까 두려워 아무런 말을 하지 못했다. 하지만 루터는 자유가 있었기 때문에 가장 강력한 권세를 가진 교황에게도 저항했고 파문도 두려워하지 않았다.

2

종교개혁의 결과 : 『그리스도인의 자유』

교황 레오 10세는 루터에게 파문 경고 교서를 보냈다. 그러자 루터는 10월 10일 교서를 받고 12월 10일 비텐베르크 대학 외곽에 교서를 공개적으로 불태워 교황청과 결별을 선언하고 『그리스도인의 자유』라는 논문을 발표했다. 이것이 본격적인 종교개혁의 출발점이 되었다.

◇◇ 루더에서 루터로 개명한 이야기

| 마틴 루터의 부모

| 마틴 루터의 생가

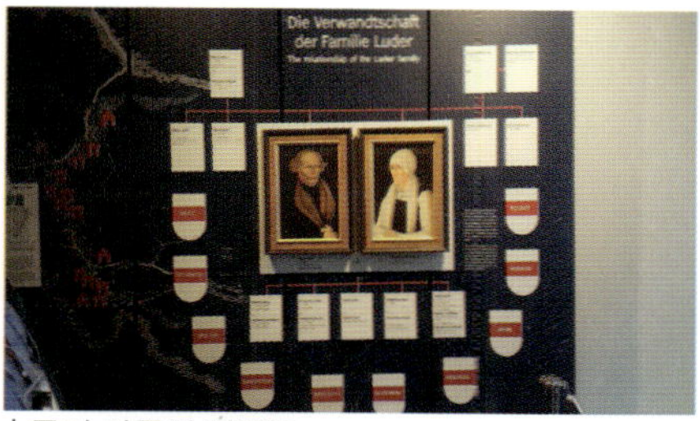

| 루더 가문의 가계도

마틴 루터의 아버지는 '한스 루더'이다. 아버지는 굉장히 높은 교육열로 루터를 교육했다. 어머니는 마가렛 린드만이다. 마틴 루터의 출생지(생가)에 가면 그 당시의 기록들이 보존된 박물관이 있다.

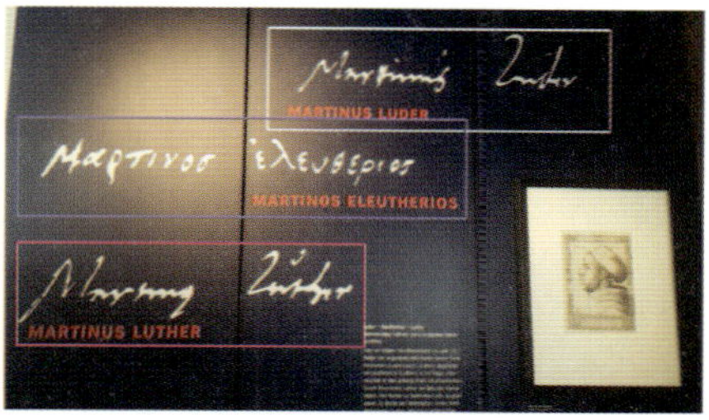

| 마틴 루터의 친필 서명

한스 루더 가문의 성인 '루더'의 뜻은 사냥꾼, 속이는 자, 협잡꾼이란 의미였다. 그런데 마틴 루터가 이 성을 바꿨다. 우리나라도 그렇지만 성(姓)을 바꾼다는 것은 쉽지 않은 일이다. 하지만 루터는 인생의 가치가 걸린 문제였기 때문에 나는 더 이상 속이는 자, 사냥꾼으로 살지 않겠다고 다짐하고 '복음 안에서 자유를 얻었다. 내 인생의 가치는 자유인이다' 라고 이름을 바꿨다.

마틴 루터의 친필 서명을 보면 제일 위쪽에 이름을 바꾸기 전 원래 이름인 '마틴 루더'라는 서명이 있다. 이 이름이 원래 루터의 이름이다. 그런데 성경을 공부하면서 어느날 이런 생각이 들었다고 한다. '내 이름이 마르티노인데 이제 루더라는 이름을 버려야겠다.' 그래서 '엘류테로스'라는 성을 쓴다. '마르티노스 엘류테로스'라는 이름으로 바꾼다. 엘류테로스는 '자유인'을 뜻하는 헬라어 '엘류테로스'(ελευθερος)에서 가져왔다. 그리고 엘류테로스의 앞 자 '엘'과, 뒤에 있는 '에로스'를 빼고 가운데 글자를 사용해 '루터'라는 이름을 쓰게 되었다.

◇◇ 루터가 『그리스도인의 자유』를 쓰게 된 배경

또한 루터는 1520년에 『그리스도인의 자유』라는 논문을 쓰게 된다. 그런데 이 책이 나오게 된 배경이 중요하다. 당시 교황 레오 10세는 성 베드로 성당 바티칸 궁을 지을 만큼 대단한 권력이 있었다. 교황 레오 10세가 볼 때 루터는 너무 별 볼 일 없어 보여 상대하지 않았다. 95개 조 조항을 붙일 때도 교황은 루터를 신경도 쓰지 않았다. 그런데 점점 분위기가 심상치 않게 되자 교황이 1520년 6월경에 루터에게 파문 경고 조서를 보내게 된다. 로마에서 6월에 보낸 교서는 10월 10일 독일에 있는 루터에게 도착했다. 4개월 만에 교서를 받은 루터는 12월 10일에 비텐베르크 대학 외곽에서 교황의 파문 교서를 공개적으로 불태워 버린다.

그런데 왜 12월 10일일까? 루터는 여론을 굉장히 잘 이용하는 사람이었다. 교황의 파문 경고장을 받으면(경고장 이름은 '주여 일어나소서'이다) 두 달의 기회를 준다. 두 달 안에 회개하고 문서를 받아들이면 파문하지 않는다. 그러나 두 달이 지나면 그때부터는 파문이다. 그러나 루터는 시간을 기다렸다. 사람들은 루터가 어떤 반응을 보일지 궁금해했다. 그리고 사람들이 기다렸던 두 달이 되던 날, 비텐베르크 대학 외곽에 있는 소각장에서 교서를 공개적으로 불태워버렸다. 이것은 교황청과 결별을 선언하는 아주 중요한 퍼포먼스이다.

그리고 이때 발표된 논문이 바로 『그리스도인의 자유』이다. "교황의 파문 문서는 나를 얽매일 수 없다! 나는 파문이 두렵지 않다!"라는 내용을 담고 있다. 이 사건은 본격적인 종교개혁의 출발점이 된다. 하지만 우리가 기념하고 있는 10월 31일 95개 조 반박문은 우리에게는 대단한 사건이 되었지만 당시 로마 교황청에서는 별 볼 일 없는 일이었다. 이름 없는 독일 시골의 사제, 대학교수가 한 이상한 짓을 한 정도로 비쳤다.

| 교서를 불태웠던 장소

| 교서를 불태웠던 장소에 있는 나무

그러나 교서를 불태운 사건은 의미가 다르게 해석되었다. 교황님이 친히 보내신 경고 조서를 두 달을 일부러 채우고 보란 듯이 불태워 버렸다는 것은 전혀 있을 수 없는 일이었다. 이 일은 실제로 전 유럽을 뒤집어 놓은 사

건이었다. 그래서 많은 사람이 이날을 실제로 종교개혁의 시발점이 된 날로 이해한다.

또한 마틴 루터의 친구이자 후원자인 루카스 크라나흐는 교황의 파문 조서를 불태우는 마틴 루터의 모습을 목판화로 찍어서 전 유럽에 유인물로 뿌렸다. 이를 '유인물 전쟁'이라 부른다. 이 당시 처음으로 금속 활자가 나오면서 수십만 장을 만들어 전 유럽에 뿌려지게 되고 순식간에 종교개혁의 물결이 일어나게 되었다.

교서를 불태웠던 곳은 흑사병이 돌던 시절에 비텐베르크의 외곽에서 시체를 불태우던 곳이었다. 흑사병에 걸린 사람들이 쓰던 물건도 여기서 불태웠다. 이곳은 가장 불경한 장소라고 사람들이 생각했던 곳이다. 그런데 흑사병의 병균 바이러스를 불태우던 그 자리에서 루터는 교황의 교서를 불태운다. 이것은 그 당시 최고의 빅이슈였다.

◇◇ 마틴 루터의 생애를 다룬 작품

마틴 루터 생애의 중요한 사건을 그린 작품이다. 앞에서 살펴본 루터의 회심에 관한 그림도 있고, 95개 조 반박문을 붙인 그림도 있다. 가운데 제일 큰 그림은 1520년 12월 교황의 교서를 불태워

| 마틴 루터의 생애의 주요 사건을 그린 작품

버린 장면이다. 이것이 하이라이트 중의 하이라이트다. 루터 생애에서 가장 중요한 사건이다. 교황을 대적한 유일한 남자. 이 시대의 권위를 밟고 일어선 유일한 자유인이었다.

루터는 1520년 세 개의 논문을 발표한다. 첫째, 『교회의 바벨론 포로』는 사람들이 70년 동안 7 성사에 매여서 바벨론 포로 생활하고 있다는 내용으로 교황과 사제들을 대상으로 쓴 책이다. 둘째, 『독일 귀족들에게 고함』은 당시 정치 지도자들을 일깨우기 위해 촉구하는 정치적인 개념의 책이다. 그리고 마지막 『그리스도인의 자유』는 일반 신자들을 향한 논문이다. 루터는 종교계, 정치계, 일반시민들을 향해 자기의 글로 변화를 도모하였다.

루터가 발표한 세 개의 중요한 논문(1520년)

<교회의 바벨론 포로> : 교황과 사제들에게 / <독일귀족들에게 고함> : 정치 지도자들에게 / <그리스도인의 자유> : 일반 신자들에게

이 중에서 가장 많은 사람이 손꼽는 작품이 바로 『그리스도인의 자유』이다. 이 책은 "사제, 성직자들은 사역자이고 종이며 청지기들이다. 신분의 차이는 없다. 교황은 사람이고 나도 사람이다. 성경을 보라. 베드로서에 왕 같은 제사장이라고 쓰여 있다. 그리스도 안에서는 모두가 제사장이고 왕이다. 그래서 우리는 만물로부터 자유로우며, 만물에 대하여 자유롭다. 우리는 예수 그리스도가 주신 자유를 입은 사람들이다"라는 내용을 담고 있다. 당시로는 돌 맞아 죽을만한 내용이었다. 그러나 인생의 자유도 없이 오로지 교황에게 7 성사로 일생을 맡기며 살아가는 사람들에게 루터는 자유인으로 거듭나기를 바라며 글을 썼다. 결국 이 책은 유럽의 모든 시민의 정신을 일깨워준 책이 되었다.

3

종교개혁의 질문 – "내 삶의 가치는 얼마인가?"

종교개혁 이전 : 인간은 교황과 교회의 권위에 눌린 포로로서 질문과 저항은 불가능했다.

사람들의 일생이 바벨론 포로와 같이 교회의 7 성사에 갇혀 살았다. 질문과 저항을 하면 파문을 당하기 때문에 불가능했다.

종교개혁 이후 : 인간의 내면은 부자유하나 믿음으로 온전한 자유를 얻은 자유자가 되어 질문과 소통을 할 수 있는 존재가 되었다.

종교개혁 이후 인간의 가치는 무엇인가? 우리는 우리를 구원할 수 없다. 그런데 믿음으로는 온전한 자유를 얻을 수 있다. 믿음으로는 주님과 하나가 될 수 있고, 자유자가 될 수 있다. 그래서 이제는 질문과 소통과 저항할 수 있게 되었다. 종교개혁의 가장 큰 키워드는 '질문, 소통, 저항, 새로운 공동체'이다. 이제는 자유인이기 때문에 교황에게 질문할 수 있다. 그러나 가톨릭은 지금도 불가능하다.

개신교의 목사와 천주교의 신부가 논쟁하는 영상을 보면 "마리아가 정말 처녀가 맞아요?", "마리아가 정말 승천한 것이 맞아요?"라고 질문하면 천주교의 신부들은 당황한다. 왜 그럴까? 이런 질문을 받아 본 적이 없기 때문이다. 가톨릭에서는 "어디 감히 교리에 대해 질문을 해?"라고 생각한다. 그러니 질문이 불가능하다. 그러나 개신교는 질문도 할 수 있고, 저항도 가능하다.

| 레오나르도 다빈치, 최후의 만찬 1485-1498

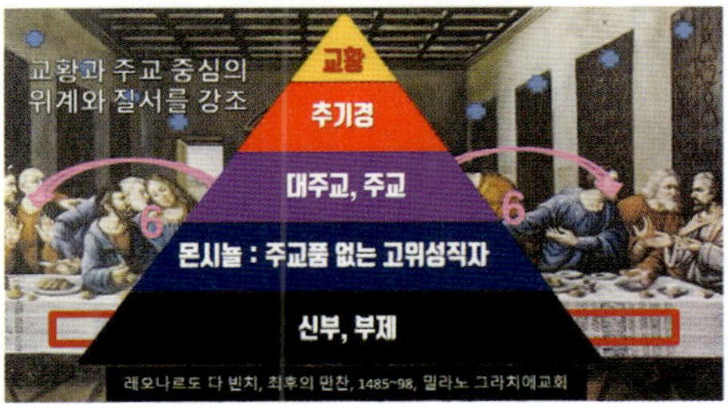

레오나르도 다빈치의 〈최후의 만찬〉은 1485~1498년 성경이 보급되기 전에 그려진 그림이다. 1517년에 종교개혁이 일어났으니 15세기는 중세 시대다. 밀라노 그라치 교회에 이 그림이 있다. 교회에 있다는 것은 이 그림이 성경을 대신하고 있다는 말이다. 우리는 이 그림을 그냥 명화라고만 알고 있었다. 그러나 이것은 종교화이다.

이 그림의 의미는 무엇인가? 가운데 보이는 식탁은 제단을 뜻한다. 지금 성만찬을 하고 있고, 가운데 예수님이 계신다. 굉장히 기하학적이며 정교하고 균형 있게 그려졌다. 예수님이 하는 역할은 무엇인가? 정삼각형으로 가운데에서 중심을 잡고 계신다. 이 그림 속에서 사람들이 말하려고 하는 것은 무엇인가? 교황이다. 교황이 예수님의 자리에 있다. 예수님처럼 보이지만 저 자리는 교황의 자리이고, 옆에 있는 오른쪽 6명, 왼쪽 6명은 성직자들의 위계를 보여준다.

또한 예수님 뒤에 있는 창문 세 개는 삼위일체를 뜻한다. 양쪽 벽에 있는 창문 4개는 사복음서를 뜻한다. 레오나르도 다빈치는 이 그림 하나로 교인들에게 성경 없이 성경을 설명해 주는 종교화를 그렸다. 이 그림의 핵심은 교황과 주교 중심의 위계질서를 보여준다.

15세기 그림의 특징은 비례와 균형감각을 굉장히 중요하게 본다는 것이다. 정삼각형으로 예수님을 표현하면서 그 주변인 사람들을 끌어안는 모습은 바로 교황이 꼭대기에 있고, 그 밑에 추기경, 대주교와 주교, 몬시뇰(주교품을 받지 않은 고위 성직자), 신부와 부제가 있다. 교황으로부터 시작해서 모든 가톨릭의 위계질서를 한눈에 보여주는 그림이다. 이 그림뿐만이 아니라 15세기 그림들은 다 이렇게 그려졌다. 이것을 인식하고 보면 이 그림이 그냥 평범한 그림이 아니라 수많은 종교적인 가르침이 들어 있는 것을 알 수 있다. 성경이 보급되기 전이기 때문에 성경의 이야기를 이렇게 그림으로 대신했다.

◇◇ 종교개혁 이후 그림의 특징

종교개혁 이후인 16세기에 그려진 최후의 만찬이다. 15세기의 그림과는 완전히 다르다. 특별히 무엇이 달라 보이나? 성찬을 하는 제단이 똑바로 그려져 있지 않고, 옆으로 기울어져 있다. 그리고 예수님이 정삼각형이 아니고 주변의 제자들도 균형이 전혀 맞지 않는다.

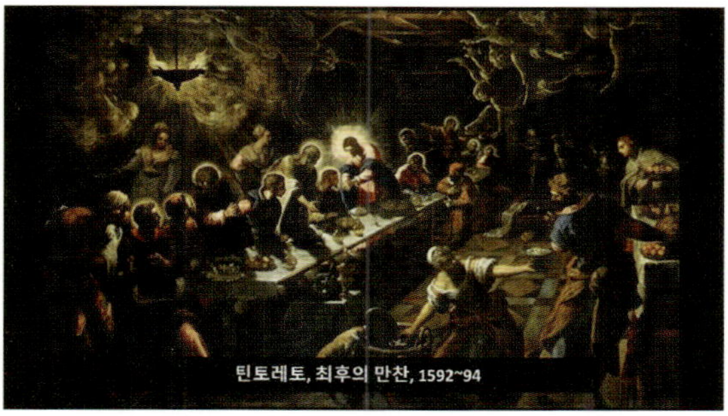

개혁 이전의 식탁(제단)에는 예수님과 성인들만 앉을 수 있는 자리였다. 그러니까 교황과 성직자들만 앉을 수 있는 자리였다.

그런데 15세기 그림에는 테이블 아래에 여종이 크게 그려져 있다. 거룩한 최후의 만찬에 여종이 그려져 있고, 뒤에도 여종이 있다. 앞에서 열심히 일하고 있는 여자가 마치 주인공처럼 보인다. 예수님은 뒤에 계시고, 제자들은 보이지도 않는데 제일 앞에서 여자가 진두지휘하고 있는 모습이다. 여자 옆에 있는 남자 하인들도 열심히 여자를 돕고 있다. 거룩한 성찬 탁자 맨 끝자락에 있는 남자는 옆으로 기대어 앉아있다. 제일 황당한 것은 주인공처럼 보이는 여자 앞에 동물들이 있다는 것이다.

개혁 이후의 그림은 교황을 중심으로 하는 성직 중심의 권위를 깨버리고, 모든 이들의 역할과 중요성이 강조되어 있다. 식탁 위에는 먹고 마시는 예수님과 제자들만이 아니라 저들을 섬기는 사람들도 자유인인 셈이다. 다빈치가 그린 최후의 만찬에는 종들이 없었다. 인생에 가치가 없는 종은 나올 이유가 없었다. 대단한 성인들만 있고 그 외의 사람들은 그림 밖에 있었다. 그러나 16세기의 그림에는 모든 이가 다 들어와 있다.

정리하자면 15세기의 그림은 르네상스의 핵심을 보여주는 우아함과 절제미가 있고, 16세기의 그림은 야단법석 난리가 난 것 처럼 혼란스러워 보인다. 그런데 이 그림을 시대상을 반영해 해석하면 어떤 의미가 남을까?

첫째, 성경의 보급이다. 다빈치가 그린 최후의 만찬 속 창문을 보라. 낮인가? 밤인가? 낮이다! 그런데 성경을 보면 예수님은 만찬을 저녁에 하셨다. 유대인들의 저녁 식사도 밤이다. 다빈치의 그림은 성경의 내용과 맞지 않는다. 둘째, 권위주의를 탈피했다. 예수님과 제자들만 누리는 식탁이 아니다. 이제는 예수님, 제자들, 종들 할 것 없이 모두가 등장한다. 이들 모두가 주인공이다. 셋째, 이것은 교황과 성인 중심의 사고에서 자유인의 가치로 바뀌었다는 것을 의미한다. 더는 교황 중심이 아니라 자유인의 가치가 중요하게 되었다. 이것이 16세기 미술에서 나타나는 종교개혁의 영향이다.

◇◇ 결론

그리스도인은 모든 것을 지배하는 지극히 자유로운 주인이며, 누구에게도 종속되지 않는다. 동시에 그리스도인은 만물을 위하여 전적으로 봉사하는 지극히 충성스러운 종이며, 모든 사람에게 종속된다. 하나님의 백성은 사제나 성사에 의존하지 않고도 누구나 예수님의 이름으로 하나님 앞에 나아갈 수 있다.

신앙인으로서 내가 잘 성장하고 있는 것을 보려면 내가 '자유로운가'를 보면 된다. 내가 매여 있지는 않은가? 내가 누군가에게 종속되어 있지는 않은가? 내가 자유로운가? 나는 인생에 있어 자유로운 주인인가? 이런 질문을 통해 우리는 자유인이라는 것이 무엇을 의미하는지, 그리고 이 자유가 누구로부터 시작되었는지를 생각하게 된다.

그리스도인은 예수 그리스도로 말미암아 자유를 얻었기 때문에 그 어떤 것으로부터 얽매이지 않아야 한다. 동시에 그리스도인은 만물을 위하여 전적으로 봉사하는 지극히 충성스러운 종의 삶을 살 수 있다. 진짜 자유인은 자유를 가지고 아무것도 안 하는 자유인이 아니라, 자유로움을 가지고 충성스럽게 봉사하는 종이다. 그래서 나는 자유인이면서 동시에 종이라는 이 말은 아이러니한 말이 아니다. 나는 하나님의 사랑을 받았고, 그 사랑으로 구원받았다. 그래서 이제 다른 누군가에게 그 사랑을 전하고, 구원하기 위해 다른 생명을 위해서 내 삶을 불사를 수 있는 진정한 사랑을 가진 자유인이 될 수 있다.

하나님의 백성은 누구나 자유롭다. 이제는 사제나 교황이나 주교와 같은 사람에게 의존하지 않고 또한 성사에도 의존하지 않는다. 오직 예수님의 이름으로 하나님 앞에 나아갈 수 있게 되었다. 비로소 우리는 그 누구도 의존하지 않는 자유인의 선언을 할 수 있다.

◇◇ 소그룹 모임에서 나눌 질문

나는 그리스도 안에서 진정한 자유인인가?

1. 교황의 권위에 모두가 눌러있던 시절에 루터는 어떻게 두려움을 이길 수 있었는가? '루더'라는 성을 버리고 자유인이라는 '루터'로 바꾸고, 교황의 교서를 불태워 버리면서 정면으로 도전했던 루터의 삶이 우리에게 시사하는 바가 무엇인지 생각해보자.

2. 나는 종속되어 살고 있지 않은가? 나는 누구에게도 기대지 않는 신앙인의 자유를 가지며 모든 이를 위해 충성스러운 종으로 봉사하고 살 수 있는가? 우리의 신앙의 모습과 삶의 가치를 묵상하고 함께 나누어 보자.

Review

여섯 번째 질문, “내 삶의 가치는 얼마인가?”

종교개혁 이전의 인간은 교황과 교회의 권위에 눌린 포로와 같았다. 인간의 일생동안 계속되는 7 성사는 인간을 위한 것이 아니라 인간을 괴롭게 하기 위한 성사였다. 그러나 종교개혁 이후 인간은 믿음으로 온전한 자유를 얻게 되었다.

1520년에 중요한 3개의 논문이 나온다. **〈교회의 바벨론 포로〉** 이 책은 교황과 사제들에게 보내는 것이다. 7 성사의 문제점을 고발한 내용이다. **〈독일 귀족들에게 고함〉** 이 책은 정치 지도자들에게 보내면서 왜 교황 밑에서 우리가 고생을 해야 하는지에 대한 내용을 담고 있다. **〈그리스도인의 자유〉** 이 책은 일반 신자들에게 보내면서 “우리가 자유인인데 왜 우리가 종노릇을 해야 하는가? 우리가 믿음의 자유를 누렸다”라는 글이다.

1520년에 3개의 논문을 쓰고, 레오 10세가 루터를 파문하는 조서를 보냈지만, 루터는 그것을 불태워 버린다. 그러자 화가 난 레오 10세가 신성로마제국의 황제인 카를 5세에게 루터를 불러 당장 추방하라고 명령을 내린다. 파문은 교황이 하지만 추방은 황제가 하는 것이다. 그래서 밀티츠라고 하는 추기경을 보낸다. 레오 10세가 직접 보내서 추방되는 것을 확인하라고 보낸다.

◇◇ 보름스 국회에서 루터가 한 유명한 말

그때 보름스 국회에 출두한 루터가 이렇게 말을 한다. "나는 오직 성경에 굴복하며, 내 양심은 말씀 안에 사로잡혀 있으므로, 그 어떤 것도 철회할 수 없고(책들을 철회하라는 말에 철회할 수 없다고 말한다) 그러고 싶지도 않다. 양심에 반하는 행동은 안전하지도, 건전하지도 않기 때문에 나도 어쩔 수 없다. 하나님, 제가 여기 섰나이다. 저를 도우소서. 아멘!"이라는 유명한 말을 한다. 이 말은 종교개혁사에서 중요한 말이다.

보름스 국회에 모든 사람의 시선이 모였다. 과연 루터는 양심을 지킬 것인가? "철회하겠습니다."라고 말하지 않으면 추방당한다. 카를 5세와 추기경이 앉아있고, 검사가 루터에게 묻는다. '95개 조 논제', '면죄부와 은총에 관한 설교', '바빌론 포로', '그리스도인의 자유', '독일 귀족들에게 고함'의 저자가 맞냐는 질문에 "맞다"라고 루터는 대답한다. 그리고 검사가 책들을 철회하겠느냐고 묻자, 루터는 유명한 말을 한다. "보편적인 이성과 성서에 근거해서 제가 무죄라고 하면 제 양심은 주님의 말씀에 충실하다는 뜻입니다. 제 양심은 주님을 향해 있습니다. 이것은 부당하거나 편치 않습니다. 저는 못 합니다. 철회할 수 없습니다"라고 말한다.

이 한마디로 인해서 지금까지 절대 권위를 자랑하던 교황의 권위와 또 그를 따르던 황제의 권위까지도 완전히 땅에 떨어지게 되었다. 그리고 성경의 권위, 오직 하나님의 말씀을 따르는 양심의 권위가 다시 온 세계에 혁명처럼 일어난다.

“

인간의 한계는

어떻게

극복되는가?

”

인생의 문제는 하나씩 순서대로 오는 게 아니다. 썰물이 한꺼번에 몰려오듯 인간의 상황과 형편을 고려하지 않고 밀려온다. 그래서 인간은 문제 앞에 자신의 한계를 절실히 느낀다. 과연 우리의 모든 문제, 삶의 문제들, 내 인생 가운데 찾아온 해결 불가능해 보이는 문제들을 해결할 방법이 있을까? 이런 고민은 중세교회의 사람들에게도 동일한 고민이었다. 이런 질문 앞에 교회는 어떤 대답을 제공했을까?

1

중세교회에서 제공하는 면죄부

가톨릭은 인간의 죄는 예수님이 사하지만 벌은 남아있다고 가르쳤다. 그래서 인간은 연옥에 머물며 잠벌(暫罰)을 치러야 한다고 보았다. 그리고 이 문제를 해결하는 방법은 오직 성인의 통공을 열 수 있는 교황의 열쇠를 가진 교회가 사제를 통해 용서받을 수 있다고 보았고, 이것이 고해성사로 주어지는 대사(大赦, Indulgentia)이다. 대사에는 한대사와 전대사가 있는데, 교황 레오 10세가 성베드로성당 건축과 성직매매를 위해 발행한 전무후무한 전대사를 면죄부(免罪符)라고 부른다.

인간의 한계는 어떻게 극복되는가? 인생의 한계를 극복할 방법이란 게 과연 가능할까? 인간의 죄를 해결하는 방법이 있다면 당신은 어떻게 하겠는가? 이 질문을 가슴에 품고 지금까지 다루었던 내용을 살펴보고자 한다.

먼저 가톨릭은 인간의 죄와 벌을 구별했다. 죄는 우리를 위해 죽으신 예수님이 사해준다고 했다. 많은 기독교인이 가톨릭은 예수님을 안 믿는 줄 아는데 그렇지 않다. 가톨릭도 예수님을 믿는다. 물론 엄밀히 따져 예수님만

믿지 않기에 문제가 되지만 말이다. 그리고 가톨릭의 교리에 따르면 예수님은 죄만 사하고, 벌은 남아있어서 이 벌은 연옥에서 해결해야 하는데 이것을 '잠벌'이라고 한다. 잠벌의 반대말은 '영벌'(永罰)이다. 영벌은 영원한 벌이다. 영벌은 지옥에서 받는 벌이다. 잠벌은 연옥에서 잠깐 받는 벌이다. 그런데 이 잠깐이 하루인지, 십 년인지, 백 년인지 아무도 모른다.

그런데 죽은 사람이 어떻게 이 문제를 해결할 수 있는가? 이 문제를 해결하기 위해서는 죽은 내가 하는 게 아니라 오직 성인들이 쌓아놓은 기도와 공로를 통해서만 잠벌을 해결할 수 있다. 그런데 이 통공을 열 수 있는 열쇠는 교황이 가지고 있다고 했다. 그래서 교황이 중요한 것이다. 교황의 권세, 사제의 권세가 왜 중요한가? 사제가 7 성사를 해 주지 않으면 아무것도 하지 못하기 때문이다. 사제를 통해서만 이 모든 죄가 사해질 수 있는데, 그 열쇠가 교황에게 있었다. 그리고 사제가 "너의 죄를 사하노라"하는 대사를 통해서만 해결된다고 가르쳤다. 이것이 중세교회 신앙의 핵심이다. 이것을 이해하지 못하면 면죄부를 이해할 수 없다.

◇◇ 면죄부의 배경: 십자군 전쟁

면죄부가 처음으로 등장할 때가 십자군 전쟁 시기이다. 십자군 전쟁은 1095~1434년 동안 이어진 전쟁으로, 굉장히 오랫동안 여러 차례 반복해서 일어났다. 여러 가지 원인이 있지만 대표적인 이유는 중세 유럽의 기독교 세력이 예루살렘을 차지하고 있던 이슬람 세력과 맞서 일으킨 전쟁이다. 한마디로 '예루살렘을 되찾자'라는 것이다.

이 그림은 예루살렘을 되찾은 십자군이 환호하는 장면으로 이슬람이 점령하고 있던 곳(예루살렘)을 십자군이 들어가서 탈환했을 때의 감격을 표현한 것이다. 이 전쟁을 하기 위해서는 많은 사람과 많은 돈이 필요했다. 그러나 전쟁에 나가서 죽을 것을 아는데 누가 가려고 하겠는가? 또한 전쟁에 나가면 고해성사와 7 성사를 할 수 없어서 교리에 따르면 군인들은 다 지옥으로 가야 한다. 이러한 이유로 사람들이 전쟁에 지원하지 않았다.

이런 일이 반복되자 우르바노 2세 교황은 "내가 선언하노니, 너희 모든 십자군이여. 걱정하지 마라. 내가 너희를 사하노라" 라고 대사를 선포했다. 대사(Indulgentia)는 '죄를 용서한다. 죄를 크게 사하여 준다'는 뜻으로 면죄부(Indulgentia)도 같은 의미로 사용된다. 교황의 선포로 많은 사람이 대사를 받기 위해 몰려들기 시작했다. 나의 죄도 덜어내고, 조상의 죄도 덜어낼 수 있는 어마어마한 증서였다. 덕분에 사람들은 십자군에 자원하고, 전쟁에 나가지 않는 사람들은 후원금을 내면서 재정과 군인 모집이라는 문제를 단번에 해결했다.

중세 시대 사람들의 유일한 목적은 천국 가는 것이었다. 삶의 소망이 없었고, 힘들고, 괴롭고, 흑사병으로 죽는 것을 보고 있었던 사람들은 천국 가는 것을 유일한 삶의 목표로 삼았다. 그런데 십자군 전쟁에 나가면 바로 대사를 받아서 모든 죄가 사하여진다고 하니 사람들이 환호하기 시작했다.

그리고 이것이 모든 죄를 사하는 가톨릭의 '사면권', 혹은 '면벌권'이라고 말하고, 개신교는 '면죄부'라고 말하는 증서이다. 이 증서를 받으면 모든 죄를 용서받고, 천국에 확실히 갈 수 있는 천국에 대한 '면죄권'을 받게 된다고 믿었다. 그래서 가톨릭에서는 정확히 말하면 '전대사'에 해당하고, 가톨릭이 아닌 다른 사람들은 이것의 내용을 살펴 '면죄부'라고 부르고 있다. 이렇게 중세교회와 인간의 한계를 이해할 때 면죄부가 등장하는데 이 면죄부는 대사(Indulgentia) 중에도 특별한 대사이다.

◇◇ 한대사와 전대사

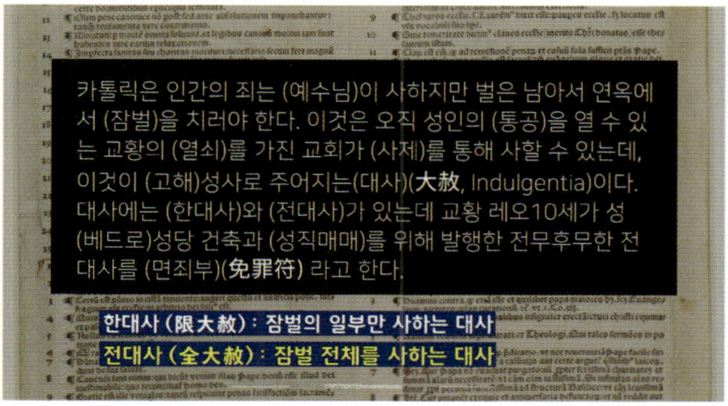

대사에는 '한대사'와 '전대사'가 있다. 한대사는 잠벌의 일부만 사한다. 특별한 죄를 지었을 때 그 죄만 사하는 것이 한대사이다. 전대사는 모든 잠벌 전체를 한 번에 사하는 것을 의미한다.

면죄부는 전대사에 속하는 것인데, 그중에서도 우리가 말하는 면죄부라고 하는 것은 1527년 종교개혁이 일어나던 당시에 교황 레오 10세가 발행한 면죄부를 말한다. 레오 10세가 누구인가? 사제 출신이 아닌데 교황이 된 사람이다. 그는 메디치 가문이라고 하는 굉장히 돈 많고 힘 있는 가문 출신으로 13살에 추기경이 되고, 승승장구한 인물이다. 그러나 교황의 정당성은 없었다. 그래서 그는 성 베드로 성당을 짓는다. 왜 하필 성 베드로 성당일까? 베드로는 제1대 교황으로 천국의 열쇠를 가진 자이기 때문이다. 자신도 베드로라고 승격하기 위해 성 베드로 성당을 짓고 완성한다. 그리고 성당 건축에 필요한 재정을 충당하기 위해 면죄부를 발행하였다.

또 한 가지, 레오 10세는 성직매매를 했다. 당시에는 성직이 어떤 역할을 했을까? 단순한 종교적인 영향만 주는 것이 아니라 성직을 가지면 그 지역에서 군사력과 행정력을 가졌다. 명예와 돈이 함께 주어지는 자리였다. 그래서 교황에게 돈을 주고 추기경이 되기도 하고, 추기경에게 돈을 주고 주교가 되기도 했다. 이렇게 사제의 자리도 돈을 주고 사고팔았다. 게다가 흑사병으로 유럽의 1/3에 해당하는 사람들이 죽었다. 거룩한 일을 하는 사제들이 죽은 사람들을 치웠다. 그러다 보니 시체를 치우다가 흑사병에 걸려 많은 사제가 또 죽었다. 그래서 사제의 빈자리가 생겼는데 이때 돈을 주고 사제로 사람들을 채웠다.

◇◇ 면죄부와 종교개혁

1516년에 면죄부가 발행되었고, 이로 인해 루터가 1517년에 비텐베르크 만인성자교회에 95개 조항을 붙인다. 이 면죄부는 독일에 가면 박물관에 보관되어 있다. 맨 위에는 면죄부의 효능이 쓰여 있고, 그 밑에는 동전 같은

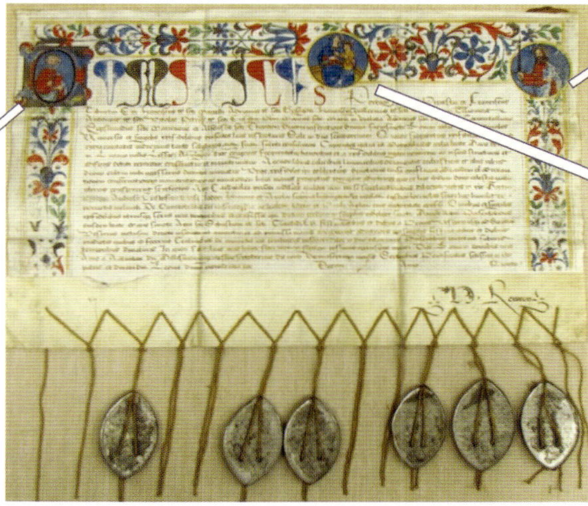

<교황 레오10세가 발행한 면죄부, 1516년>

것이 매달려 있는데 교황의 얼굴도 들어 있고, 여러 가지 신적인 내용들이 들어 있다.

자세히 보면 상단에 3명의 얼굴이 있다. 왼쪽에는 1대 교황인 베드로가 있다. 교회의 권위를 가지고 성인의 통공을 열어 주어 천국 갈 수 있도록 해 준다는 의미이다. 오른쪽에는 바울이 있고, 가운데에는 마리아가 있다. "마리아님께서 너희를 위해 기도해 주실 것이고, 베드로가 천국 문을 열어 주실 거야"라는 메시지가 담겨있다. 그런데 이 면죄부에는 예수님의 십자가가 없다! 면죄부에 그려진 세 명은 그냥 그려진 것이 아니고, 3가지 신학의 내용을 담고 있다.

첫째는 연옥이다. 천국에 올라가지 못하는 사람들이 연옥에서 단련을 받고 있는데 천사가 한 명씩 잡아 올려서 천국으로 올려 주는 역할을 하고 있다. 그러나 개신교에는 연옥이 없으므로 당연히 면죄부도 없다. 우리는 죽으면 천국 아니면 지옥이다. 곧바로 결정된다. 그런데 가톨릭은 결정이 안나고, 일단은 연옥으로 보낸다는 교리를 가지고 있다.

둘째는 성인의 통공이다. 성인의 통공은 죽은 사람을 위해서 성인들의 공로를 빌어 도움을 받는다는 사상이다. 그런데 성인의 통공을 여는 열쇠가 누구에게 있다는 건가? 바로 세 번째 교황이다. 교황의 권세로 교황이 나를 위해서 천국 문을 열고, 나를 위해 도와준다는 것이 가톨릭의 3가지 주요 교리이다. 결국 이 세 가지(연옥, 통공, 교황)가 만나서 면죄부가 만들어졌지만, 개신교는 이 모두를 받아들이지 않는다.

그런데 면죄부가 생긴 근본 이유는 무엇일까? 첫 번째 원인은 무지 때문이다. 중세에는 성경이 없었고, 사람들이 성경을 몰랐다. 성경에 대해 무지했기 때문에 연옥, 통공, 교황에 대해 들으면서 그것이 성경에 있다고 믿었다. 두 번째는 인간의 욕심 때문이다. 인간의 탐욕은 하나님의 법대로 바르게 살기는 싫고 천국은 가고 싶어 한다. 그래서 내 죄를 해결할 한 방을 필요로 한다. 이런 여러 가지 한계를 극복하고 싶은 인간의 욕구와 욕심 때문에 면죄부에 빠진 것이다.

이처럼 면죄부는 성경에 대한 무지, 인간의 욕심, 가톨릭의 잘못된 교리에 의해 만들어졌다. 교회는 사람들에게 돈을 받고 인간의 문제와 한계를 해결해줄 수 있는 것처럼 가르치고 있다. 지옥이 아닌 연옥에 간다고 하면서 예수님의 삶과 사역, 말씀과 정반대의 길을 가면서 교황을 따르고 있다. 그래서 희대의 사기극에 많은 사람이 빠졌다.

루카스 크라나흐가 그린 판화이다. 왼편에 면죄부를 파는 사제1이 있고, 그 앞에 평민으로 보이는 사람이 있다. 열심히 패를 깎고 이름을 써주며 면죄부를 팔고 있는 사제2가 있다. 이 사람 앞에는 귀족이 서 있다. 즉, 면죄부는 평민도 귀족도 다 와서 샀다. 말 위에 있는 사람은 교황이다. 교황이 이 모습을 뿌듯하게 바라보고 있다. 교황 앞에 있는 것은 십자가이다. 그러나 면죄부가 십자가를 가리고 있다. 이 그림은 이 당시 사제들이 돈벌이에 정신이 없었고, 이 일을 교황이 묵인하고, 동조했다는 것을 보여주고 있는 그림이다. 그래서 면죄부로 가려진 십자가를 통해서 이 당시에 로마 가톨릭이 얼마나 많은 영혼을 갉아먹었는지를 보여주고 있다.

◇◇ 루카스 크라나흐 판화와 종교개혁

아래의 작품도 루카스 크라나흐가 그린 판화이다. 당시 판화들은 유인물로 만들어져서 전 유럽에 뿌려졌다. 글자를 모르는 사람들도 그림을 보면 '교황이 지금 면죄부를 파는 장면'이라는 것을 알 수 있다. 교황이 들고 있는 면죄부에 동전이 달랑달랑 달려있다. 동전에는 성인의 이름도 쓰여 있고, 받는 사람의 이름도 써 주면서 면죄부를 만들어 주었다. 신분별, 죄목

별로 가격이 달랐다. 그리고 죄에 따라 가격이 달랐다. 원래 고해성사하면 죄의 경중에 따라 사도신경이나 성모송을 외운다든지 선행이나 헌금을 내라는 보속을 받게 되는데 이때에는 모두 돈으로 통일이 되었다.

루터가 살던 당시 화폐 단위는 '굴덴'이다. 1굴덴은 노동자의 2~3주의 주급인데 오늘날로 환산하면 최소 100만 원 정도이다. 죄에 따라 면죄부의 금액이 달라졌다. 왕이나 대주교, 주교들은 2,300만 원을 내면 죄가 사해진다. 어린이는 50만 원을 내면 되는데, 이 당시에 어린이가 50만 원을 낸다는 것은 불가능한 일이었다. 그래서 나중에는 할인도 하면서 싸게 팔았다. 또한 당시의 죄들은 성적인 죄가 많아서 근친상간이나 낙태는 5굴덴(500만 원), 수도사가 처녀를 범했으면 6굴덴(600만 원), 성직자가 첩을 거느린 죄는 7굴덴(700만 원)이었다. 이런 죄들은 대부분 성직자와 관련이 있었다. 사람들은 죄를 지었고 나쁜 짓을 하면서 면죄부를 샀다. 그래서 면죄부를 사면 되니까 죄를 짓는 일에 대해 무감각해지기 시작했다. 면죄부는 일종의 죄를 무마시키는 도구가 되었다.

면죄부의 가격은 얼마?

"굴덴"
루터 당시
화폐 단위
"1굴덴"
노동자의
2~3주급
(100만원)

신분별, 죄목별로 매겨짐

왕, 대주교, 주교들 23굴덴
어린이 0.5굴덴

근친상간이나 낙태 5굴덴
수도사가 처녀를 범한 죄 6굴덴
성직자가 첩을 거느린 죄 7굴덴

오늘날도 사회적으로 물의를 일으킨 사람들이 벌금, 자숙 등의 여러 형태로 잠적해 있다가 시간이 지난 뒤 슬그머니 다시 나타나 활동을 하려고 할 때가 있다. 그러면 사람들은 그들에게 면죄부를 주지 말자고 말한다. 그렇게 했다고 죄가 사라지는 게 아니라는 것이다.

그런데 가톨릭 교인이 아니라고 해도 우리도 이렇게 생각할 때가 있다. '나는 오래 믿었으니까 괜찮아', '나는 직분이 있으니까 괜찮아'라고 쉽게 생각한다. 이것이 면죄부이다. '나는 예배드렸으니 괜찮아'라고 생각한다면 이것도 면죄부가 된다. 또 어떤 사람들은 기도가 면죄부가 된다. '나는 하루에 세 시간을 기도하니까 우리 부모님께 효도 안 해도 괜찮아' 이것이 다 면죄부와 같은 것이다. 돈을 내고 천국을 샀다는 것도 문제지만 나의 삶은 바뀌지 않은 채 돈으로, 봉사로, 시간으로 신앙생활을 도구화하는 것도 문제다.

◇◇ 성경읽기

“모든 사람이 죄를 범하였으매 하나님의 영광에 이르지 못하더니 그리스도 예수 안에 있는 속량으로 말미암아 하나님의 은혜로 값없이 의롭다 하심을 얻은 자 되었느니라” (로마서 3:23-24)

교황도, 사제도 모든 인간은 돈으로 해결할 수 없는 죄를 지었다. 그래서 하나님의 영광에 이르지 못한다. 이것이 우리의 현실이고 한계이다. 그렇기 때문에 인간의 한계를 극복하는 방법은 그 어떤 것도 인간에게 나오지 않는다. 오직 그리스도 예수 안에 있는 속량으로 말미암아 예수님이 십자가에서 우리를 위하여 죽으시고 우리를 위해 속량하셨다. 공로에서 자유로 가치가 바뀌었다. 자격이나 역할에서 하나님의 선물인 은혜로 의롭다는 칭의를 받게 되었다. 인간이 볼 때 전혀 의롭지 않은데 하나님께서 예수님을 통해 봐주시는 인간은 의롭다고 하신다. 이 말씀은 내가 무언가를 한다고, 노력한다고 되는 게 아니라 오직 예수님을 믿음으로 말미암아 은혜로 ‘의롭다 하심을 얻은 자’ 되었다는 것이다. 이것을 ‘이신칭의’라고 한다. ‘이신’은 ‘믿음으로’, ‘칭의’는 ‘의롭다고 하심을 칭하게 되었다’라는 뜻이다.

95개조 반박문의 **해석**

27조 : 믿고 회개하는 것만 한계를 극복한다. [연보궤 안에 넣은] 돈이 상자속에서 울리는 순간, 영혼은 하늘로 뛰어오른다고 말하는 것은 '인간이 만든 교설'을 외치는 것이다.

돈을 넣으면 인간의 영혼이 연옥에 있다가 하늘로 뛰어오른다는 것이 하나님의 말씀인가? 아니다. 인간이 만든 교설이라고 루터는 외쳤다. 이런 말씀은 성경 어디에도 나와 있지 않다. 무지하면 이렇게 무너진다.

36조 : 참으로 회개하는 그리스도인이라면, 교황의 면죄부가 없어도 죄와 형벌로부터 완전한 사면을 누린다.

그러면 루터는 누가 구원받는다고 했나? 진정 회개한 그리스도인이라면 교황의 면죄부가 필요 없다고 주장하기 시작했다. 하나님 앞에 나의 죄를 참으로 회개하고, 주 예수를 믿으면 죄와 형벌로부터 완전한 사면을 누린다. 가톨릭은 '죄는 예수님이 사해 주지만 형벌은 남는다'고 했다. 그래서 연옥에서 잠벌을 치루기 위해서는 통공이 필요하고, 교황이 필요하다고 했다. 그러나 우리는 이런 것 없이도 죄와 형벌로부터 완전한 사면을 누릴 수 있다. 진정으로 회개하는 것이 중요하고, 믿고 회개하는 것만이 한계를 극복할 수 있다. 예수님을 믿고, 믿음으로 회개하는 것. 참된 회개만이 인간의 한계를 극복할 수 있다. 그래서 구원을 얻는 길은 오직 예수를 믿고, 회개하여 새 사람으로 거듭나서 주님의 자녀가 되는 길만 있다.

2

종교개혁의 결과 : 95개 논제의 확산

면죄부는 교황의 권위에 눌려 있던 독일지역에서 성행했다. 알브레히트 대주교는 성직을 사느라 진 빚을 해결하기 위해 테첼을 고용해서 판매했다. 비텐베르크의 주민이 큰 위험에 빠지자 루터는 목회자이자 신학자로서 대주교에게 이것이 성경적으로 옳은지 95개 조항으로 질문하는 편지를 썼고, 외면당하자 소통을 위해서 이를 비텐베르크 만인성자교회 문에 게시함으로써 저항하기 시작했다.

95개 조 논제가 왜 나오기 시작했는가? 면죄부는 교황의 권위에 눌려 있던 독일지역에서 특히 성행하였다. 왜 독일지역에서 특히 더 성행하였나? 신성로마제국이었던 독일은 왜 교황의 권위에 눌려 있었는가? 그것은 카노사의 굴욕 사건 때문이었다.

독일의 왕이자 황제가 될 신성로마제국의 하인리히 4세가 파문을 당하게 되고, 3일 동안 맨발로 눈 속에서 교황 그레고리오 7세에게 용서를 빌었다. 이 사건 이후 독일은 황제의 권위가 땅에 떨어지고, 교황의 권위는 하늘로 더 치솟게 됐다. 알브레히트 대주교는 이미 대주교이면서, 법적으로는 하나밖에 할 수 없음에도 또 다른 지역의 주교를 하고 있었다. 그리고 또다시 자기의 세력을 넓히기 위해 다른 지역의 대주교가 되려고 성직을 매매했다. 그는 성직을 사기 위하여 '후거가'라는 가문의 돈을 엄청나게 빌려서 그 돈을 교황에게 주고 성직을 샀다. 알브레히트는 성직을 사기 위해 빚진 돈을 해결하기 위해서 면죄부를 팔았는데, 말 잘하는 '테첼'이라는 사람을 고용해서 면죄부를 팔게 한다.

◇◇ 테첼의 면죄부 판매

루터가 95개 조항을 내건 이유는 테첼 때문이었다. 테첼은 도미니카 수도회 소속의 사제였는데 면죄부를 팔기 위해 얼마나 말을 함부로 하고, 많은 사람에게 교설을 내뱉었는지 루터로서는 도저히 참을 수 없었다. 결국 이 사

In Vollmacht aller Heiligen
und in Erbarmung gegen Dich, absolvire
Ich Dich von allen Sünden und Missetha-
ten und erlasse Dir alle Strafen auf zehn
Tage.
Johannes Tietzel.

번역: 모든 성인들의 권위에 의거해, 그리고 당신을 향한 자비로서,
나는 모든 죄와 악행들로부터 당신을 방면하며 모든 형벌들을 면제합니다.

| 테첼이 팔았던 면죄부 증서

람 때문에 흥분해서 95개 조항을 썼다고 볼 수 있다.

테첼은 면죄부를 판매하면서 "이것은(면죄부) 무조건 효과가 있고 용서받지 못할 자가 없다. 성모를 성적으로 능욕해도 죄를 용서받을 수 있다"고 말하고 다녔다. 가톨릭에서 하나님처럼 여기는 성모 마리아를 능욕해도 죄를 용서받을 수 있다고 했다. 그 어떤 죄책감과 죄벌도 풀어 버리는 전무후무한 대사라고 홍보했다.

이 그림에도 나오지만 면죄부 마지막에는 테첼의 사인이 있다. 이 증서는 "모든 죄를 용서하고, 절대적인 힘이 있고, 불가능은 없다" 라고 소개되어 있다. 이것이 독일에서는 특히 비텐베르크 사람들에게는 대단히 큰 논쟁거리가 되었다.

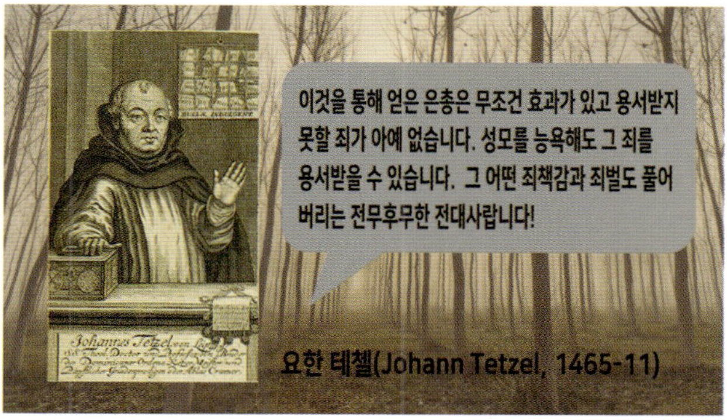

요한 테첼(Johann Tetzel, 1465-11)

그런데 비텐베르크가 있는 작센주는 법적으로 면죄부를 팔 수가 없게 되어 있었다. '프리드히'라고 하는 작센주의 선제후가 면죄부 판매를 불허했기 때문이다. 이 사람이 신앙심이 깊어서 불허한 것이 아니다. 선제후는 가짜 성물을 만들어서 돈을 벌던 사람이었다. 그런데 면죄부가 들어오게 되면 자신이 팔던 가짜 성물이 팔리지 않게 되니까 자신의 사업을 위해 작센주에서는 면죄부를 팔지 못하도록 했다.

그래서 비텐베르크 사람들이 면죄부를 사기 위해 옆 주로 넘어가게 되었다. 그런데 주와 주 사이에는 강이 있거나 큰 숲이 있어서 넘어가는 일이 굉장히 위험했다. 이 시기에는 물이 얼기 시작했기 때문에 빙판을 건너가다가 빠져 죽기도 했고 실제로 나이가 많은 사람들은 건너가다 죽게 되는 일도 허다했다.

루터는 이 일을 목회자의 시선으로 바라보았다. 자신이 목양해야 할 신도들이 면죄부를 사러 가다가 물에 빠져 죽고, 다치고, 위험에 빠지는 것을 볼 때 너무나 가슴이 아팠다. 그리고 신학자로서 생각할 때 이것이 과연 가능한 일인지를 묻기 시작했다. 그는 이것은 '하나님 앞에 죄와 같다' 라고 하면서 알브레히트 대주교에게 이것이 '성경적으로 옳은지 한번 생각해 봐주십시오' 라고 처음에는 굉장히 겸손하고 조심스럽게 글을 썼다. 그리고 95개 조항을 질문하는 형식으로 편지를 썼다. "알브레히트 대주교이시여~ 지금 이런 일이 벌어지고 있는데 혹시 아십니까? 테첼이라는 자가 나타나서 너무 끔찍한 말을 하고 다니는데 알고 계십니까?" 라고 95개 조항으로 질문을 했다.

그런데 알브레히트 대주교는 꿈쩍도 안 하고 아무런 답장도 없었다. 알브레히트 대 주교에게 질문을 했는데 외면당하자 루터는 소통하기 위해서 비텐베르크 만인성자교회에 95개 조항을 게시하게 되었다. 당시 대주교에게 질문했다는 것 자체가 불경한 일로 생각되었다. 그런데 루터는 목회자로서, 신학자로서 면죄부가 성경적으로 옳지 않다는 확신이 있었기에 질문을 했고, 소통하기를 바랐다. 그런데 이것이 다 받아들여지지 않자 저항하기 시작한다. 이것이 개신교의 정신이다.

3

종교개혁의 질문 – "한계는 어떻게 극복되는가?"

종교개혁 이전 : 죄인인 인간이 연옥에서의 잠벌을 해결하고 천국 가는 길은 면죄부뿐이다.

가톨릭은 사람들에게 애매한 인생은 지옥으로 가는 것이 아니라 연옥으로 간다고 가르쳤다. 가톨릭의 성화를 보면 지옥은 나오지 않는다. 사람들에게 두려움을 주기 위해서 연옥만 나온다. 그래서 연옥에서의 잠벌을 해결하고 천국 가는 길은 면죄부를 사면 된다. 이 세상에서는 자기 부인, 자기 노력, 자기 성화는 필요 없고, 아무렇게나 살면 되고 오로지 면죄부만 사면 천국 갈 수 있다고 했다.

종교개혁 이후 : 죄인인 인간이 구원받은 자로 거듭나는 길은 오직 믿음뿐이다.

우리는 천국이 중요한 것이 아니라 이 땅에서 구원받는 것이 중요하다.

죄에서 구원받아야 한다. 죄 가운데에서 머물면 안 된다. 그런데 죄에서 구원받아 거듭나고, 하나님 자녀가 되고, 암흑의 인간이 빛의 인간이 되려면 오직 믿음뿐이다. 구원받은 자로 거듭나는 길은 오직 믿음이다. 그래서 면죄부를 거부하고 이제는 오직 믿음만이 강조되었다. 이것은 면죄부에 대항하는 엄청난 선언이었다.

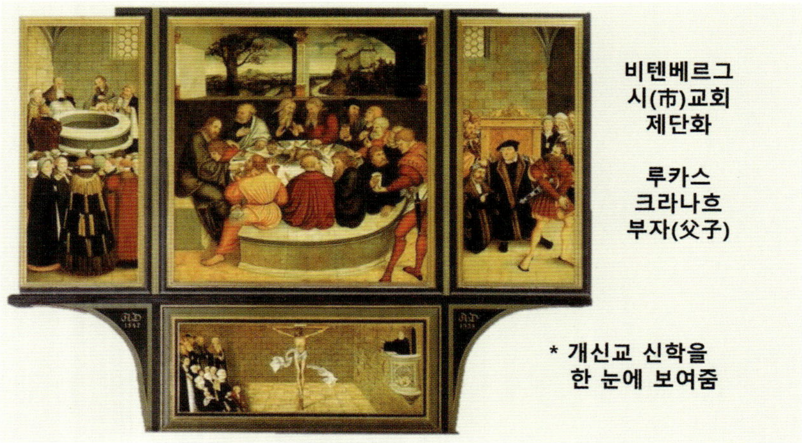

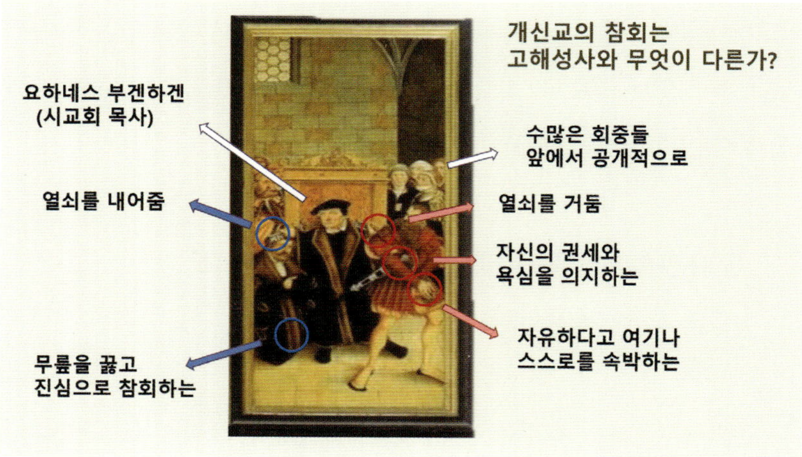

◇◇ 개신교의 참회는 고해성사와 무엇이 다른가?

개신교의 참회는 고해성사와 무엇이 다를까? 가톨릭의 고해성사는 사제에게 한다. 사제가 죄를 사해주어야만 한다. 그림 속 가운데 검정 옷을 입고 있는 사람은 사제가 아니라 요하네스 부겐하겐 목사이다. 루터는 비텐베르크 시(市)교회를 30년 동안 목회하고 처음으로 개신교 목사를 청빙했다. 루터는 목사가 아니었고 사제였다.

천주교 고해성사는 1:1 비밀로 한다. 그런데 이 그림 속에서는 많은 사람이 있다. 개신교의 참회는 수많은 사람 앞에서 공개적으로 한다. 이것이 개신교와 천주교의 차이이다. 개신교는 천주교처럼 1:1로 사제가 하나님의 대리인인 것처럼 앉아서 죄를 듣지 않고 차라리 하나님 앞에 참회하는 마음으로 모든 사람 앞에서 공개적으로 하라는 것이다. 무릎 꿇고 있는 사람을 보라. 모자를 벗고 무릎을 꿇었다는 것은 진심으로 참회하는 모습을 보여준다.

반면 빨간 옷을 입은 사람을 보라. 주춤거리며 망설이며 서 있는 모습이다. 손에는 권세와 권위를 상징하는 지휘봉을 들고 있다. 자신의 권위와 욕심을 꽉 붙잡고 놓지 않으려는 모습이다. '나는 죄인이 아니야. 나는 참회 필요 없어'라고 하면서 손은 결박되어 있다. 자유롭다고 여기지만 자신을 속박하고 있다. 죄인이 아니라는 나의 자존심과 자부심이 실제로는 하나님 앞에 나아가지 못하도록 자신을 속박한다.

부겐하겐이 열쇠 두 개를 들고 있다. 하나는 내어주고 있고, 하나는 거두어들이고 있다. 부겐하겐이 들고 있는 첫 번째 열쇠는, 진심으로 참회하는 사람에게 내어주고 있다. 즉, "열쇠는 교황의 것이 아니라 당신의 것이다. 당신이 참회하고, 당신이 믿어서, 당신이 천국 가는 것이다"라고 하면서 열쇠를 내어주고 있다. 그러나 반대편의 오른쪽 사람은 참회하지 않는다. 자신의 권세를 의지하고 속박되어 있다. 부겐하겐 목사는 이 사람에게서 "당신은 천국 갈 마음이 없군요"하면서 열쇠를 거두어들이고 있다.

가톨릭에서는 교황이 열쇠를 들고 있었지만, 개신교에서는 각자에게 주어진다. 참회하는 자에게는 천국의 열쇠를 주고, 참회하지 않고 계속해서 하나님께 나아가지 않으려고 고집하는 자에게서는 열쇠를 거둬들인다. 이제는 누가 나에게 열쇠를 줄 필요 없다. 누가 나를 도와주거나 구원시켜 주지 않는다. 내가 그 열쇠를 가지고 스스로 열고 천국으로 가면 된다. 그래서 오직 믿음을 강조하는 것이고 하나님 앞에서 회개하는 신앙고백이 필요하다고 하는 것이다.

◇◇ 결론

오직 믿음을 강조한 이신칭의는 죄인이 회개하고 예수 그리스도를 주와 구주로 믿고 영접할 때 하나님은 그의 모든 죄를 사하시고 그를 예수님만큼 의로운 자라고 선언하시는 사건이 된다. 루터는 이신칭의가 복음의 중핵이라고 주장하였고, 칭의 교리는 교회가 서고 넘어지는 교리라고 할 만큼 중요하다고 여겼다.

오직 믿음! 이것이 바로 '이신칭의'이다. 인간의 모든 한계, 어려움, 죄의 문제, 죽음과 고난은 믿음으로 해결 가능하다. 믿음은 예수님을 믿는 믿음으로 의롭다고 하나님으로부터 칭함을 받는 사건이다. 천국의 열쇠는 교황에게 있는 게 아니라 내가 예수님을 믿고, 주인으로 고백하고 영접할 때 주어진다. 그래서 오직 믿음이면 된다! 하나님과 나 사이에 다른 무엇도 낄 수 없다. 연옥, 통공, 교황, 면죄부 등의 것이 필요하지 않다. 예수님과 인간 개인 사이에 아무것도 낄 수 없다. 루터가 강조한 것처럼 '칭의'가 믿어지면 교회가 서고, 믿지 않으면 교회는 넘어지는 이유가 여기에 있다. 교회가 예수님을 믿어 구원을 얻는 것 외에 다른 것을 주장하면 반드시 넘어진다.

오늘날 교회가 교회 되게 하는 것은 무엇일까? 만약 우리 교회가 "이것 아니면 넘어진다"라고 말하면 '그것이' 바로 우리를 넘어지게 하는 것이다. 우리 교회는 담임 목사 없으면 넘어진다고 한다면 그 담임 목사가 걸림돌이 된다. 우리 교회는 어떤 분 없으면 넘어진다고 한다. 그분이 걸림돌이다. 우리 교회는 어떠한 모임이 없으면 넘어진다고 여기면 그것이 걸림돌이다. 예수님을 믿는 것에 그 어떤 것이라도 첨부하면 그것은 우리를 넘어뜨리는 것이 된다. 교회가 교회 되는 오직 한 길은 '이신칭의'이다.

◇◇ 소그룹 모임에서 나눌 질문

나는 구원의 확신을 무엇에 두고 있는가?

＊ 내가 자부하고 있는 것은 직분인가? 신앙의 경력, 봉사, 헌금인가? 나의 손에 쥐고 있는 면죄부는 무엇인가? '오직 믿음'을 외쳤던 루터처럼 나의 구원의 확신을 무엇에 두고 있는지 살피고 함께 나누어 보자.

Review

일곱 번째 질문, “한계는 어떻게 극복되는가?” : 이신칭의, ‘오직 믿음!’ (Sola Fide)

종교개혁 이전에는 인간이 연옥의 잠벌을 해결하고 천국으로 갈 수 있는 길은 오직 면죄부뿐이라고 말했다. 그러나 개혁 이후에는 죄인인 우리 인간이 구원받은 자로 거듭나는 길은 면죄부가 아니라 오직 믿음(Sola Fide)을 강조하게 되었다. 연옥+(성인들의)통공+교황(천국열쇠). 이 세 가지가 합쳐져 힘을 얻고 여기에 성경을 모르는 ‘무지‘와 인간의 끝없는 ‘욕심‘이 만나 면죄부를 탄생하게 했다. 과연 개신교 교회는 어떠한 모습이어야 하는가? 루터가 설계에 참여하여 만들어진 개신교 최초의 토르가우 성채 교회이다. 이 당시 루터가 사역하던 비텐베르크시(市) 교회는 천주교 교회였다. 지금 가서 보아도 개신교 교회와는 차이가 있다.

루터가 설계에 참여해 만들어진
개신교 최초의 토르가우 성채교회

| 성채교회 사진 출처
: CBS 드론 촬영

◇◇ 최초의 개신교 모습: 토르가우 성채교회

| 성채교회 사진 출처: 뉴스앤조이
https://www.newsnjoy.or.kr/news/articleView.html?idxno=210968

그렇다면 최초의 개신교 교회는 어떤 모습이었을까? 외부에서 보면 십자가도 안 보이고, 교회라는 티가 전혀 나지 않는다. 그냥 일반 성과 같은 모습이다.

내부에 들어가 봐도 굉장히 단순하다는 것을 느낄 수 있다. 벽에 아무것도 없고 성상도 없다. 그런데 중요한 것이 있다. 오른쪽에 설교단이 매달려 있다. 설교단을 보면 사제는 왼편을 보고, 일반사람들은 중앙을 보고, 귀족들은 오른쪽을 보게 되어 있다.

그리고 설교단에는 3가지 그림이 그려져 있다. 사제가 보는 방향에 있는 그림의 내용은 예수님께 간음하다 잡힌 여인이 끌려 왔을 때 너희 중에 죄 없는 자가 돌로 치라 하시면서 땅에 글을 쓰시던 장면이 그려져 있다. 이것은 설교단에 서는 목사들에게 무엇을 말하려는 것일까? 바로, 예수님의 용서이다. 말씀을 선포할 때 '주님의 용서'를 선포하라는 것이다. 이것이 설교자가 성도들을 향해 바라봐야 할 시선이다.

중앙에서 바라보는 방향에 있는 그림은 성전에서 토론하고 계시는 어린 시절의 예수님 모습이 그려져 있다. 성경을 읽고, 성경을 말씀하시는 예수님, 성경을 토론하시는 예수님을 성도들에게 보여준다. 이것은 '우리도 성경을 가까이해야겠다'라는 개신교의 중요한 가치를 보여주고 있다.

귀족들이 바라보는 방향에 있는 그림의 내용은 예수님이 성전을 정화하는 모습이 그려져 있다. 귀족들이 볼 수 있도록 이 장면을 그린 것은 어떤 의미가 있을까? 설교자는 예수님의 긍휼을 선포하고, 성도는 예수님처럼 말씀에 집중하고, 귀족들은 교회를 너희들의 소굴로 만들지 말고 함부로 교회를 더럽히지 말아야 하며, 교회는 만민이 기도하는 곳이라는 진리를 담은 가치가 최초의 개신교회에 그려져 있는 메시지이다.

"

무엇을

하며

살 것인가?

"

믿는다는 것은 삶과 어떤 관련이 있을까? 많은 사람들이 생각하길, 믿음을 천국 가기 위한 목적으로 생각하는 경향이 있다. 그러나 믿음은 천국이 아닌 내가 살아가고 있는 삶에 관한 가치를 발견하는 일이다. 신앙은 내가 지금 사는 삶의 자리를 달라지게 한다. 당연히 삶을 바라보는 관점이 바뀌니 삶을 대하는 태도와 방식이 달라진다. 그래서 구원을 받았다는 것은 신앙의 출발점이 된다. 구원받은 사람은 두 발을 딛고 있는 이 땅에서의 삶을 생각하게 된다.

1

중세교회와 인간의 행위

가톨릭은 사람이 죄를 용서받고 천국에 가려면 고해로 받은 보속의 행위를 반드시 행해야 한다고 주장한다. 그래서 기도, 금식, 자선으로 대표되는 이 행위들은 후에 고행이나 성지순례, 헌금 등으로 발전하게 되었고, 선행은 자기 의를 쌓으려는 왜곡된 동기에서 비롯된 이기적인 행위가 되었다.

사람들은 루터에게 이런 질문을 하기 시작했다. "믿음만 있으면 아무렇게나 살아도 되는가? 어차피 선행만 하면 천국에 가는 게 아닌가?" 이 질문들은 가톨릭에서 '천국 가는 것이 우리의 목표이다' 라고 가르쳤기 때문이다. 천국에 가기 위해서는 성인의 통공도 필요하지만, 이 세상을 살아가는 인간도 무언가를 해야 한다고 가르쳤기 때문이다.

특히 고해성사를 하고 보속의 행위를 강조했다. 보속의 행위를 반드시 해야만 천국에 갈 수 있다고 했다. 그리고 천국 가는 원동력은 성인의 통공이다. 그러나 '성인들의 가치와 그분들의 기도로 되는 것이지만, 나도 무언가를 해야 하지 않는가?'라고 하면서 보속의 행위를 또 강조했다. 보속의 행위는 기도와 금식, 자선 등이었다.

◇◇ 가톨릭의 기도, 금식, 자선에 대하여

가톨릭에서 말하는 기도는 개신교에서 말하는 기도와 다르다. 본래 기도는 하나님과의 대화를 뜻한다. 하나님의 음성을 듣고 하나님의 뜻을 발견하고 하나님께 나의 이야기를 말하는 교제와 나눔의 시간이다. 그러나 가톨릭에서 기도란 죄에 대한 보속(벌)의 의미이다. 죄에 대한 벌로 성모송 등을 몇 번 암송하라는 '기도'의 보속을 주기 때문에 기도의 의미가 다르다. 가톨릭 교인 중에는 어린 시절 잘못했을 때 기도문을 외우라고 하는 보속을 받고 힘들어했던 기억을 가진 사람들이 많다. 기도가 죄를 씻기 위한 도구가 되면 하나님과 관계는 망가진다.

또한 금식의 경우에도 많은 사람들이 금식에 대해 잘못 알고 있다. 예를 들어 어린아이가 장난감을 갖고 싶은데 부모가 장난감을 사주지 않으니 아이가 사줄 때까지 밥도 안 먹고 굶어서 버티는 것처럼 금식을 생각한다. 실제로 천주교 사람들이 말하기를 "부모도 어린아이가 굶고 버티면 들어 주는데, 하나님도 내가 금식하고 굶으면 안 들어주시겠나?"라고 한다. 하지만 금식은 이런 의미가 아니다. 금식은 자기 절제이다. 내 욕심을 절제하고 나를 위한 것, 나의 쾌락을 줄이고 하나님의 뜻을 추구하는 시간이다.

그리고 자선의 의미도 다르다. 가톨릭의 자선은 나를 위해 남을 돕는다. 보속의 행위로 자선은 내 죄를 씻고 천국에 가기 위한 이기적 동기로 다른 사람을 도울 뿐이다. 그러나 본래 자선은 나의 욕구가 아니라 나의 도움이 필요한 그 사람도 하나님의 형상을 지닌 사람이기에 그를 돕는 것이다. 동기가 나로부터 시작되지 않는다.

한번 생각해보자. 가톨릭이 우세한 나라들을 보면 굉장히 자선을 많이 한다. 그러나 사회는 굉장히 인색하고 메말랐다. 왜 그럴까? 내가 일정 금액으로 자선을 베풀었기 때문에 내가 해야 할 일은 다했다고 생각한다. 그래서 자선하는 시간이 아닌 일상생활은 굉장히 인색하다. 고소, 고발이 난무하고 이웃 간에도 매일 싸운다. 기도, 금식, 자선을 이미 다 했기 때문이고 문제가 생기면 또 보속하면 된다고 쉽게 생각한다.

가톨릭에서 기도, 금식, 자선은 내 죄를 씻고 천국에 가기 위한 보속의 행위라는 점에서 출발했다는 점이 의미깊다. 그리고 이것이 나중에는 고행으로 발전한다. 고행은 일부러 나를 괴롭게 하는 일이다. 내 몸을 괴롭게 하고, 내 몸을 회초리로 치기도 한다. 루터도 자기 몸을 많이 학대하고 자학했다. 예수님의 십자가 고난의 일부라도 그가 겪은 것처럼 내가 겪어야 예수님을 닮아 갈 수 있다고 생각했다.

또한 당시에는 성지순례도 보속의 하나였다. 죄를 지었으니 예루살렘까지 갔다 오라는 말을 들었다. 요즘도 많은 사람이 자신을 돌아보면서 새로운 출발을 할 때 스페인의 산티아고에 간다. 산티아고로 가는 길은 본래 성지순례를 향한 길이었다. 남의 물건을 도둑질하거나, 간음하거나 잘못했을 때 고해성사로 내려진 보속이었다. 그런데 성지순례는 왜 가는 걸까? 성지에 가면 아무것도 없다. 수천 년이 지났으니 당연히 아무것도 없다. 그냥 흙이고, 돌일 뿐이다. 그런데도 거기 가면 무엇을 하는 것인가? 주님이 여기서(성지) 하신 일들을 생각하는 것이다. 주님이 하신 일들이 지금 나에게 주시는 은혜로 다가올 때 성지순례의 의미가 있는 것이다. 그런데 이 당시의 성지순례는 고해성사할 때 주어진 보속이었다.

이후 이런 보속들은 헌금으로 발전하게 되었다. 돈을 내서 대신 죄를 해결하라는 것이다. 그러나 성경은 돈을 내서 죄를 해결하라는 말씀이 없다. 이것은 교회가 철저하게 사람들을 이용한 것이다. 사제가 성도들을 이용했다. 그러나 예수님은 우리 삶의 결과보다 동기를 주목하신다.

| 영국의 웨스트민스터 사원과 내부 예배당을 가득 채운 가문과 기사의 상징 깃발들

◇◇ 웨스트민스터 예배당의 깃발들

영국의 웨스트민스트 사원이다. 원래는 성공회 예배당이었다. 성공회는 천주교와 거의 유사하다. 이름만 바꾸었을 뿐 천주교의 성격을 많이 포함하고 있다. 웨스트민스트 사원에 들어가면 천주교 성당과 외형이 비슷하다. 내부에는 가문의 깃발들이 걸려 있다. 깃발은 가문의 자랑이고, 기사들의 영광이다.

예배당은 하나님께서 영광을 받는 곳인데 하나님이 아닌 가문과 기사들의 영광이 빛나고 있다. 이것은 '우리는 잘살고 있으니 당연히 천국에서도 우리의 자리는 확보되어 있다'라고 하는 선행에 대한 자부심이라 할 수 있다. 예배당에도 깃발을 걸어 놨으니 천국에도 깃발을 걸어 놓은 것이나 다름없다고 본다. '천국도 우리가 지배하고, 점령한다. 이 땅에서 누리는 우리의 모든 기득권은 천국까지 이어진다'라는 생각으로 예배당을 치장해 놓은 것이다.

◇◇ 성경읽기

"너희는 그 은혜에 의하여 믿음으로 말미암아 구원을 받았으니 이것은 너희에게서 난 것이 아니요 하나님의 선물이라 행위에서 난 것이 아니니 이는 누구든지 자랑하지 못하게 함이라 우리는 그가 만드신 바라. 그리스도 예수 안에서 선한 일을 위하여 지으심을 받은 자니 이 일은 하나님이 전에 예비하사 우리로 그 가운데서 행하게 하려 하심이니라" (에베소서 2:8-10)

은혜는 선물이다. 우리가 선행을 해서 구원을 받은 것이 아니라 하나님의 조건 없는 은혜로 말미암아 구원받는다. 우리가 한 일이 전혀 없다. 이것이 이신칭의이다. 믿음으로 말미암아 구원을 받는 것이다. 그래서 우리 가문의 깃발, 나의 영광은 하나도 중요하지 않다. 나로부터 난 것이 아니기 때문이다.

그래서 구원을 하나님의 선물이라 한다. 선물은 선물을 주신 분에게 감사해야 하는 것으로, 계산하는 것이 아니다. 그런데 엄청나고 놀라운 선물을 하나님께 받았으니 내가 갚거나 할 수 있는 정도가 아니다. 그래서 인간이 주는 선물과 하나님이 주시는 선물이 다른 것이다. 인간은 내가 돈 주고 살 수 있는 것을 선물하지만, 하나님은 내가 살 수 없는 것을 선물한다. 그것이 바로 은혜이다.

구원은 무엇을 했기 때문이라는 행위에서 난 것이 아니다. 남들보다 착하고, 남들보다 더 예배를 잘 드리고, 남들보다 기도도 잘해서 구원의 은혜를 주는 것이 아니다. 이것은 누구든지 자랑하지 못하게 하기 위함이다. 신앙을 자랑하지 못하도록 성경은 분명히 말하고 있다. 그래서 직분도 자랑하는 것이 아니다. 직분을 자랑하면 그때부터 직분의 노예가 된다.

우리는 복음 안에서 자랑할 것이 없다. 오직 하나님만을 자랑하고, 내가 선물로 받은 은혜를 자랑하면 된다. 우리는 하나님께서 만드신 작품이다. 저마다가 최고의 작품이다(Master Piece)! 우리는 하나님이 만든 굉장한 작품이다. 인간이 만든 작품이 아니다. 오직 하나님이 주체이다. 하나님이 우리를 만드셨다. 그렇기에 모든 영광도 하나님의 것이다.

그러나 우리는 하나님께 선물받은 자로서 그리스도 예수 안에서 선한 일을 위하여 지으심을 받았다. 우리는 선한 일을 하라고 지으심을 받았다. 선한 일은 우리의 목적이다. 구원받은 근거가 선한 일이 아니고, 우리가 구원받은 목적으로부터 시작해서 선행이 시작된다. 하나님이 나를 만드셨으니까 나를 지으신 분을 인정하고, 찬양하고, 영광을 돌리는 것이 선행이다. 하나님이 나를 지으셨고, 구원해 주신 것이 너무나 감사해서 내가 하나님께 찬양으로 올려 드리는 나의 삶이 바로 선행이다. 그러나 천주교는 선행 때문에 구원받는다고 믿기 때문에 구원 이전에 선행이 있어야 한다고 가르친다. 그러나 우리는 구원 이후의 선행을 한다.

95개조 반박문의 **해석**

42조 : 면죄부보다 선한 사랑의 실천이 먼저다! 그리스도인들에게 이 점을 분명히 가르쳐야 한다. 선한 사랑의 실천을 면죄부 구입으로 대체할 수 없다.

선한 사랑의 실천을 어떻게 면죄부와 비교할 수 있는가? 가톨릭은 선한 사랑의 실천은 안 해도 되고, 면죄부만 사면 된다고 가르쳤다. 구원받기 위해 선한 사랑의 실천을 했지만, 그것보다 우위에는 면죄부 판매가 있다. 면죄부를 사면 다 해결되니깐 다른 것은 할 필요 없다고 가르쳤다.

그러나 사랑의 실천은 구원받은 자가 하나님께 올려 드리는 찬양이다. 이것은 면죄부와 비교할 수 없다. 면죄부와는 상관없이 선한 사랑의 실천이 훨씬 더 중요하다. 면죄부 따위에 우리의 선행을 빼앗길 수 없다고 루터는 말했다.

45조 : 이웃과 함께해야 진노를 면한다! 궁핍한 자를 지나치면서 면죄부를 사는 사람은, 교황의 사면이 아니라 하나님의 진노를 사들이는 것이다.

당시의 면죄부는 꽤 비쌌다. 이것을 사기 위해 “궁핍한 사람을 보고도 그냥 지나치는 것은 교황의 사면이 아니라 결국은 하나님의 진노를 사는 것이다”라고 루터는 지적했다. 면죄부가 가장 큰 가치였던 시대에 궁핍한 사람을 돌아보는 것, 선한 마음으로 이웃들을 돌보는 것이 구원받은 자로서 마땅히 해야 하는 일이라고 주장했다. 더욱이 진노를 면하는 길은 면죄부를 사는 것이 아니라 궁핍한 나의 이웃들과 함께하는 것이 진노를 면할 수 있는 더 확실한 방법이다.

2

종교개혁의 결과 : 『선행에 관하여』

중세 이래 가톨릭은 지옥에서 영구히 벌을 받는 7가지 근원적인 대죄인 칠죄종(七罪宗)- 교만, 인색, 시기, 분노, 음욕, 식탐, 나태를 주장하며 죄책감을 불러일으켰고, 그 해결책으로 선행을 요구했다. 하지만 루터는 이러한 선행을 우상숭배로 보았고, 불완전한 사랑의 표현으로 여겼다. 그에게 선행이란 구원받은 백성이 하나님의 은총을 찬양하며 어려움 가운데 하나님의 이름을 부르는 것이었다. 최고의 선행이란 오직 믿음이었으며, 믿음 외에는 선행이 존재하지 않았다.

루터가 오직 믿음을 이야기하는 것에 대해 많은 사람이 "믿음으로 다 되는가? 그러면 선행은 필요 없나?"라고 질문했다. 그래서 이런 질문에 답한 설교를 책으로 만든 것이 『선행에 관하여』(1520)이다. 중세의 가톨릭은 7가지 대죄를 해결하지 못하면 무조건 지옥으로 간다고 하였다. 이러한 7가지 죄를 '칠죄종'이라 불렀다.

◇◇ 가톨릭의 칠죄종

그런데 7가지 근원적인 대죄는 어떤 것들인가? 살인, 강도, 간음 등과 같은 죄일까? 아니다. 7가지 근원적인 대죄는 누구도 빠져나갈 수 없는 감정적인 영역과 연결된다.

첫째, 교만이다. 교만하지 않은 사람이 있을까? 이렇게 걸기 시작하면 빠져나갈 수 없다. 다 지옥 갈 수밖에 없다. 둘째, 인색(탐욕)이다. 인색이나 탐욕이 없는 사람도 역시 없다. 셋째, 시기(질투)이다. 넷째, 분노. 다섯째, 음욕. 여섯째, 식탐. 일곱째, 나태이다. 이러한 칠죄종에서 자유로운 사람이 있을까? 아무도 없다. 만약 칠죄종에 살인과 강도 등이 들어 있다면 우리는 이런 죄를 짓지 않았으니 나와는 상관없다고 생각할 수 있다. 그러나 교만, 인색, 시기, 분노, 음욕, 식탐, 나태는 다르다. 이 죄들에서 빠져나갈 사람은 없다. 이렇게 가톨릭은 7가지 죄로 사람들을 완전히 가두고 있다. 이로 인해 죄에 대한 죄책감을 일으키고 "너는 대죄를 지었다. 너는 반드시 지옥으로 간다"라고 했다.

그리고 죄책감을 해결할 수 있는 유일한 것이 바로 선행이라고 가르쳤다. 7가지 죄를 보면 행위로 인한 것은 없다. 대부분 생각(마음)에서 비롯되는 것들이다. 생각과 마음으로 지은 죄를 행동(선행)으로 해결하라는 것이다. 이치에 맞지 않는다. 교만, 인색, 분노, 음욕, 식탐, 나태를 해결하려면 마음을 바꾸어야지 왜 행동을 바꿔야 한단 말인가?

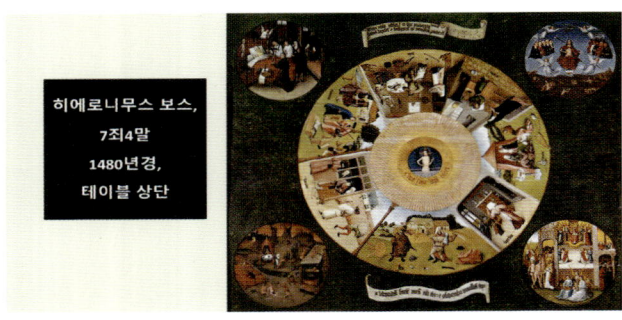

히에로니무스 보스,
7죄4말
1480년경,
테이블 상단

네덜란드의 히에로니무스 보스(Hieronymus Bosch)라는 사람이 1480년경에 그린 〈7죄 4말〉이라는 작품이다. 밥 먹는 식탁 위에 그려진 그림이다. 성경을 알지 못하던 사람들이 밥 먹을 때마다 이 그림을 보면서 지옥에 대한 두려움에 떨게 했다. 7죄는 대죄인 칠죄종을 말하는 것이고, 4말은 인간의 4가지 종말을 말하는 것이다. 양쪽 테이블 구석에 있는 4가지 그림이 바로 4말이다.

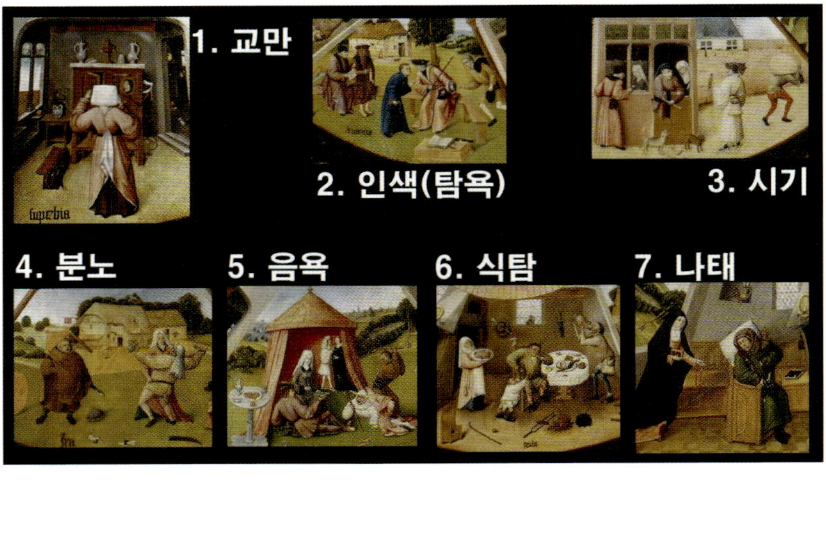

1. 죽음 : 종부성사를 하는 장면이다. 어디로 갈지 모르기 때문에

천사와 악마가 준비하고 있다.

2. 심판 : 예수님이 열두 제자와 함께 심판하신다.

3. 지옥 : 대죄를 지으면 지옥으로 가게 된다.

4. 천국

이 그림에 따르면 지옥으로 가게 하는 칠죄종(대죄)은 어떠한가?

1. 교만 : 여인이 자신을 위해 구입한 화려한 물건들을 보면서 거울을 통해 기뻐하는 모습이다. 마귀가 거울을 보여주면서 여인을 속이고 있다.

2. 인색 : 재판장이 억울함을 호소하는 사람에게 이야기하면서 뒤로는 뇌물을 받는 모습이다. 왼쪽의 배심원 두 사람은 이 모습을 외면하고 있다.(=탐욕)

3. 시기 : 집 안쪽에 있는 평민들이 바깥쪽에서 종을 부리고 있는 귀족들을 부러워하고 있는 모습이다. 개뼈다귀를 사이에 두고 있는 개 두 마리가 있다. 네덜란드의 속담 증에 두 마리의 개는 한 뼈다귀로 만족할 수 없다는 말이 있다. 이는 인간의 시기하는 마음을 보여주고 있다.

4. 분노 : 한 사람이 화가 나서 칼을 휘두르고 있고 이것을 말리는 아내의 모습이다. 상대방 사람은 테이블을 뒤집어쓰고 피하고 있다.

5. 음욕 : 광대가 노래를 부르고 있고, 남녀가 음욕을 불태우고 있다.

6. 식탐 : 가운데에 있는 남자와 아이는 배가 불룩해져 있는데도 여자는 계속 음식을 나르고, 그 옆에 있는 가난한 사람은 물로 배를 채우고 있다.

7. 나태 : 돈 많은 귀족은 낮잠을 자고 있고, 수녀는 신앙생활 하라고 잠

을 깨우고 있다.

이런 7가지 죄로 천국과 지옥으로 가는 영혼을 나누게 된다. 이 그림의 핵심은 '우리의 삶을 구체적으로 누가 보고 있을까?'이다. 가운데 동그란 그림은 '눈동자'를 뜻한다. 하나님의 눈동자 안에 예수님은 창에 찔린 자국을 하고 계신다. 창에 찔린 자국을 보여주면서 "너희의 죄 때문에 내가 죽은 거야. 내가 너 때문에 또 죽어야 하겠니?"라면서 우리의 죄를 지적하고 있다. 그 밑에는 헬라어로 "주의하라, 주의하라. 하나님께서 보고 계신다"라고 써 있다. 이 그림을 매일 보면서 밥을 먹는다고 생각해보라! 7가지 죄를 해결하기 위해서 선행을 할 수 밖에 없다.

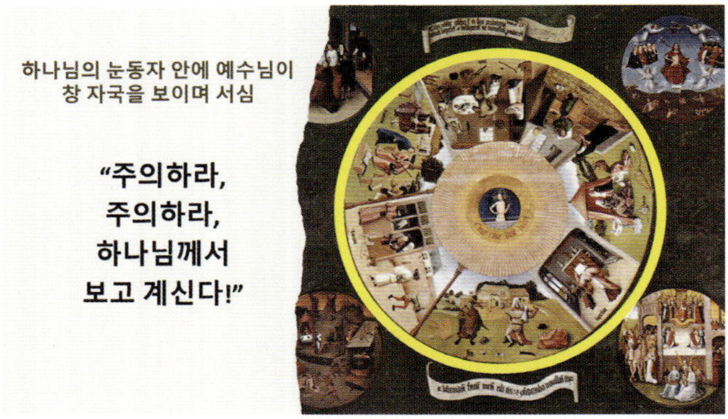

◇◇ 올바른 선행이란 무엇인가?

루터는 이러한 인간의 선행을 우상숭배로 보았다. 내 죄를 사하려고 하는 선행은 우상숭배라는 것이다. 왜 그럴까? 우리의 죄를 사하시는 분은 예수님이시다. 그런데 마치 선행이 내 죄를 씻어주고, 선행이 예수님처럼 나를 천국 가게 해 주는 것이라면 결국 선행은 우상숭배가 된다.

그래서 루터는 『선행에 관하여』에서 "선행은 우상숭배이고, 불완전한 사랑의 표현"이라고 했다. 선행이 무엇인가? 선행은 사랑이다. 사랑을 표현하기 위해서는 사랑의 주인이신 하나님을 온전히 만나고, 그분의 사랑에 충만해서 사랑을 해야 하는데 선행으로 대체하는 것은 불완전한 사랑이고, 잘못된 사랑이다.

그렇다면 올바른 선행이란 무엇인가? 루터는 십계명의 1계명부터 10계명까지를 풀어서 선행을 설명하는데 올바른 선행은 구원받기 위해서 하는 것이 아니다. 선행은 이미 구원받은 백성이 하나님의 은총을 찬양하는 것이라 했다. 그래서 십계명은 하나님의 영광을 찬양하는 것이다. 십계명은 우리를 옭아매는 율법이 아니라 구원받은 자가 하나님께 드리는 사랑의 고백이고 아름다운 찬양이고 선행 그 자체이다. 어려움 가운데 있지만, 하나님의 거룩한 이름을 부르면서 현실의 어려움을 이겨내는 것! 이것이 선행이다.

내가 선행을 해서 구원받아 천국 가는 것이 아니고, 구원받은 자로서 하나님의 은총을 찬양하며, 아무리 어려워도 하나님의 이름을 부르는 것이다. 그래서 최고의 선행은 오직 믿음이다! 그 외에는 선행이란 존재하지 않는다! 믿음은 선행과 관계없는 개념인 것처럼 보이지만 믿음 자체가 선행이다. 또한 오직 믿음으로 하나님만 의지하고, 내가 구원받을 길은 하나님께만 있다고 선언하면서 주님을 의지하고, 찬양하는 것. 그 자체가 가장 최고의 선행이라고 했다. 믿음에 근거해서 행하는 모든 삶이 아름다운 선행이다.

프란치스코 교황이 기사를 집전하고 매일같이 시민들을 만난다. 그때 임마누엘이라고 하는 꼬마가 교황에게 질문을 한다. 꼬마는 말을 잇지 못하고 울음을 터트렸다. 교황은 꼬마를 가까이 불러서 "내 귀에 대고 말하라"고 했다. "교황님! 하나님을 믿지 않던 우리 아빠가 죽었는데, 아빠가 지금 지옥 갔을까 봐 저는 너무 겁이 나요"라고 말했다. 이 말을 듣고 교황은 사람들 앞에서 이렇게 말한다. "여러분, 이 아이의 착한 마음을 보십시오. 아버지를 생각하는 착한 마음. 이 아이는 선합니까? 악합니까? 선하지요? 그렇다면 이 아이를 선하게 키운 아빠는 선합니까? 악합니까? 선하지요? 그렇다면 선한 자는 지옥 갔을까요? 천국 갔을까요?" 사람들이 이 말을 듣고 모두가 "천국이요"라고 외쳤다. 그러자 프란치스코 교황은 "그게 내 답입니다"라고 말했다. 그래서 아이는 "아, 감동~!" 하면서 집으로 돌아갔다. 이 모습이 생방송으로 전 세계로 방송되었다.

이 장면은 '천주교가 과연 어떤 종교인가'를 가감 없이 보여주는 장면이라 할 수 있다. 아이의 아빠는 믿음이 없는 사람이었다. 하나님도 모르고, 교회에 나간 적도 없고, 예수님도 모른다. 그런데 교황은 말한다. "너는 착한 아이 같은데 너를 착하게 키운 너의 아빠도 선한 사람이었을 거야. 그러니 선한 사람은 지옥에 안 간단다." 이 모습을 본 많은 사람이 손뼉을 치면서 "교황은 마음이 넓고, 자비롭고, 은혜가 충만하다. 이것이 진짜 종교이다"라고 했다.

그러면 교회는 왜 있는 건가? 왜 다니나? 신앙은 왜 존재하는가? 믿음은 왜 있는가? 우리는 질문을 던져야 한다. 교황의 말이 진리라고 가톨릭은 믿고 따르지만, 우리는 질문을 해야 한다. 선행으로 구원받는다는 가톨릭에 질문해야 한다. 성경은 그렇게 말하지 않는다. 사람은 착할 수가 없다, 사람은 선할 수 없다. 또한 천국에 갈 만큼 선을 가질 수도 없다.

3

종교개혁의 질문 - "무엇을 하며 살 것인가?"

종교개혁 이전 : 사람은 자신의 구원을 위해 지불하는 죗값으로 선행의 의무를 해야 한다.

종교개혁 이전에는 사람은 자신의 구원을 위해 지불하는 죗값이 필요한데, 이 죗값이 바로 선행의 의무를 하는 것이라고 했다. 내가 구원받기 위해서 선행을 해야 하고, 죗값을 치러야 한다는 이기적인 목적을 가지게 했다. 선행은 다른 사람을 위한 것으로 보이지만 결국 나를 위해 하는 행위일 뿐이다.

종교개혁 이후 : 사람은 하나님의 은혜로 구원받은 것을 감사하며 자발적인 선행을 해야 한다.

종교개혁 이후에는 전적인 하나님의 은혜를 강조하며 인간이 구원받음을 인정하게 되었다. 구원은 인간의 노력이나 선행으로 되는 게 아니라는 말이다. 그러므로 신자가 하는 선행은 하나님의 은혜로 구원받은 일에 감사함으로 자발적으로 하는 것이다. 하나님의 놀라운 이름을 찬양하면서 행하는 모든 일이 자발적인 선행이다. 또한 내가 선행을 했기 때문에 구원을 받는 것이 아니다. 내 삶의 주인인 하나님을 선포하며 하는 모든 일들은 믿음으로 말미암은 거룩한 삶이 된다. 그래서 선행을 하는 것이다. 구원을 받으려고 억지로 하는 보속이 아니라, 은혜받은 것에 감사하는 마음으로 자발적으로 선행을 하게 되니 목적도, 동기도, 방식도 다를 수 밖에 없다.

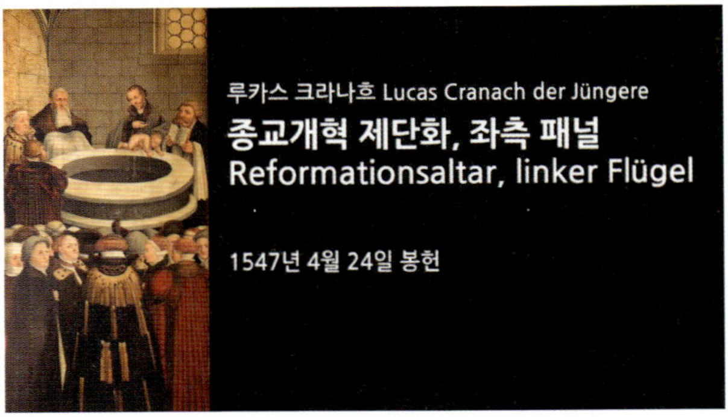

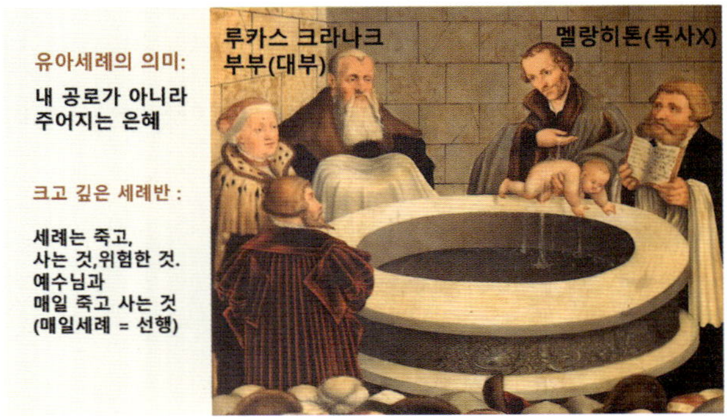

개신교 신학을 한눈에 보여 주는 비텐베르크시 교회에 있는 제단화이다. 제단화의 좌측 그림은 세례에 관한 부분으로 루카스 크라나흐 아들이 그린 그림이다.

◇◇ 종교개혁 이후 세례와 성만찬의 의미

유아세례를 받는 아이가 있고, 세례를 주고 있는 사람은 멜랑히톤이다. 멜랑히톤은 루터와 함께 비텐베르크에서 종교개혁을 했던 사람으로 루터의 동역자이면서 후계자이다. 반대편에 수건을 들고 서 있는 두 사람은 루카스 크라나흐 부부이다. 이 부부는 세례받는 아이의 대부이다. 아마도 이 아이는 루터의 아들 한스가 아닐까 한다. 아이가 신앙적으로 잘 클 수 있도록 도와주는 신앙의 대부가 루카스 크라나흐 부부이다. 이 세례받는 장면을 아들인 루카스 크라나흐가 그림으로 그렸다. 여기서 중요한 것은 개신교 신학의 핵심인 세례를 왜 제단화에 그려 넣었냐는 것이다. 세례는 개신교 신학에 굉장히 중요한 부분을 차지한다. 개신교는 7가지 성사를 다 없애고 2가지만 남긴 것이 세례와 성만찬이다.

성찬이 구원에 대한 확신이라고 한다면, 세례는 무엇을 의미할까? 왜 세례가 제단화에 그려져 있는 것일까? 유아세례는 내 공로로 구원받는 것이 아니라는 점을 강조하기 위해서다. 구원은 주어지는 것이다. 유아가 무슨 선행을 했겠는가? 유아가 무슨 헌금을 했고, 무슨 성지순례를 했겠는가? 무슨 고행을 하고, 금식과 자선을 얼마나 했겠는가? 하나도 하지 못했다. 그런데도 이 아이가 태어나자마자 이렇게 세례를 받는 이유가 무엇인가? 세례를 통해서 구원을 확신하기 때문이다. 구원이라는 것은 내가 무엇을 했기 때문에, 내가 무엇을 잘했기 때문에 받는 것이 아니라 전적인 은혜로 내게 주어지는 것이다. 그리고 이것을 강조하는 것이 바로 유아세례이다.

반면 재세례파는 유아세례를 반대했다. 내가 믿음이 없고, 한 것이 없는데 무슨 세례를 받냐는 것이다. 성인이 되어 내가 믿음을 가지고 세례를 받아 구원을 얻겠다는 것이 재세례파의 주장이다. 일리가 있는 말이다. 그러나 성경으로 말하면 이것은 틀리다. 성경은 내가 구원받을 만한 사람이 되어서 구원을 받는 게 아니라고 말하고 있기 때문이다. 구원이란 전적인 하나님의 은혜로 받는 것이고 그것으로 충분한 것이다.

또한 이 그림은 유아세례를 반대하는 재세례파들과의 차이를 보여주기 위해 있다. 그림 속에 세례반이 있다. 멜랑히톤이 왼손으로 아이를 받치고 오른손으로 아이에게 세례를 주고 있다. 이 모습이 안정적으로 보이는가? 불안해 보이는가? 만약에 팔에 힘이 없어서 아이를 놓치면 아이는 물에 빠지게 된다. 빠지면 죽는다. 죽고 사는 것이 세례에 달려있다. 세례를 받는다는 것은 내가 죽는다는 것을 의미한다. 내가 죽고, 예수님이 사는 것이다.

세례반이 상징하는 것은 죽음이다. 유아세례가 상징하는 것은 내가 죽고, 예수님이 사는 것! 나는 매일 죽고, 예수님이 매일 사는 것! 이것을 루터는 '매일세례'라고 했다. 이 '매일세례'가 곧 '선행'이다. 내가 매일 죽고, 예수로 사는 것을 확인하는 행위가 바로 선행이다.

또한 멜랑히톤은 목사가 아니다. 평신도이다. 목사가 아닌데 유아세례를 주고 있다. 논란이 생길 수도 있는데 왜 이런 그림을 그려 넣었을까? 목사가 아니더라도 세례를 줄 수가 있는가? 하나님의 전적인 은혜는 누구를 통해서 받는가? 천주교는 사제로부터 받는다. 그러나 개신교는 목사가 아니라도 유아세례를 줄 수 있다. 그러나 혼란이 있을 수 있었기에 루터는 자신의 책에 세례에 대해서 '그래도 너무 무질서하지 않기 위해서 목사가 주는 것이 낫다'라고 썼다. 또 다른 책에는 '세례는 상관없다. 누구라도 줄 수 있다'라고 적었다

다시 말해 가톨릭은 반드시 사제를 통해서만 가능하지만, 개신교는 그

럴 필요는 없다는 것이다. 누구라도 가능하다. 이 세례가 중요한 이유는 구원받는 것은 전적인 은혜로 받는 것이고, 또한 나는 세례를 받았기 때문에 구원받은 자로 하나님께 영광을 돌리면서 찬양하며 살아야 한다는 점을 강조하고자 하는 것이다.

아이슬레벤(루터의 고향)에 있는 페트리 파울리교회(베드로바울교회)이다. 루터의 생가에서 5분 거리이다. 이곳은 바로 루터가 유아세례를 받았던 교회이다. 이 교회 안에는 루터가 유아세례를 받았다는 세례반이 있다. 교회 안 바닥에 구멍이 뚫려 있고 시냇물이 흐르고 있다. 본당 내부에 엄청나게 큰 물구덩이가 있다.

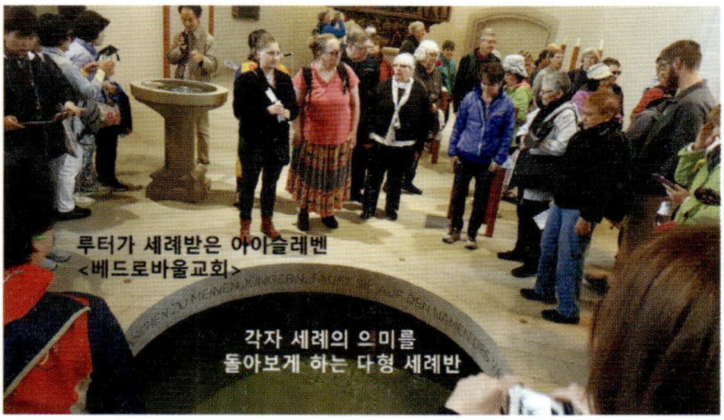

또한 이곳에는 루터가 세례를 받은 교회에서 내가 받은 세례의 의미를 돌아보게 하는 대형 세례반이 준비되어 있다. '나는 세례 받은 사람으로 어떻게 살아가면 좋을까?'를 돌아보게 한다. 루터가 평생을 싸울 수 있었던 이유가 무엇인가? 교황이나 교회가 내 구원을 줄 수 없다. 저들이 내 구원을 흔들 수 없다. 왜 그럴까? 나는 세례를 받았기 때문이다. 내 힘으로 세례를 받은 것도 아니다. 태어나자마자 하루밖에 안 된 내가 무엇을 안다고 세례를 받았겠나? 하나님의 전적인 은혜로 세례를 받았고, 내가 구원받았기 때문에 나는 하나님 앞에 서는 그날까지 이 싸움을 멈출 수 없다고 주장할 수 있었다.

루터가 끝까지 종교개혁의 싸움을 할 수 있었던 배경에는 세례가 있다. 우리도 내가 받은 세례를 돌아볼 수 있어야 한다. 내가 받은 세례는 어떤 것인가? 얼마나 귀한 것인가? 내가 무엇을 잘해서 받은 것이 아니다. 내가 무엇을 할 줄 알아서, 내가 구원을 다 이해해서 세례를 받은 것이 아니다. 우리가 받은 세례에 대해서 돌아볼 수 있는 시간이 필요하다.

◇◇ 결론

좋은 열매가 있다고 다 좋은 나무라고 단정할 수 없듯이, 선행이 의인을 만드는 것이 아니다. 선행은 구원받은 사람이 세상을 살아가는데 필요한 목적이고, 성경은 이를 사랑과 나눔으로 요약한다. 루터는 '믿음이 어머니라면, 선행은 그 어머니에게 잉태된 아기'라고 했다. 참된 믿음은 선행을 잉태하고 있으며, 참된 믿음은 반드시 선행을 낳는다.

좋은 열매가 좋은 나무를 만드는 것이 아니라 좋은 나무에서 좋은 열매가 맺힌다. 선행이 우리를 의인으로 만드는 것이 아니다. 우리는 죄인이다. 선행을 몇 번 한다고 해서 인간의 근본이 바뀌지 않는다. 완전한 죄인, 완벽한 죄인인 우리가 열매 몇 개로 나무가 바뀌었다고 말할 수 없는 것처럼 선행 몇 번으로 내가 의인이 되었다고 말할 수 없다. 그래서 우리는 선행을 가톨릭과 다르게 이해할 수밖에 없다.

선행은 구원받음의 목적이다. 구원의 근거가 아니다. 구원받음이 목적이고 구원받은 이유이다. 또한 성경은 선행을 두 가지로 요약하고 있는데 그것이 사랑과 나눔이다. 사랑과 나눔의 삶이 우리의 삶이 되어야 한다. 루터는 '믿음이 어머니라면 선행은 그 어머니에게 잉태된 아기'라고 했다. 믿음이 있다면 선행은 당연하다. 믿음이 있는 자에게 선행이 없을 수 없다는 말이다. 믿음은 머리로 믿으면서 삶으로 죄를 지을 수 없다. 믿음을 가진 자는 반드시 선행을 할 수밖에 없다. 참된 믿음은 선행을 잉태하고 있다. 그래서 참된 믿음은 반드시 선행을 낳는다고 말했다.

따라서 우리는 구원을 얻기 위해서 선행을 하는 것이 아니라, 구원을 받았기 때문에 선행을 하고, 구원을 받았기 때문에 선행을 이루는 삶으로 보여줘야 한다. 나의 삶 속에 하나님이 얼마나 거룩한 분이시고, 얼마나 사랑이 많으시고, 얼마나 큰 은혜를 주셨는지를 보여주는 삶이 되어야 한다. 그러기 위해서 우리의 삶은 달라져야 한다. 구원받기 위해 몸부림치는 삶이 아니라, 구원받았음을 감사하고 기뻐하면서 내가 더욱더 하나님을 찬양하고 이웃을 사랑하고 나누는 삶을 살아야 한다.

◇◇ 소그룹 모임에서 나눌 질문

당신의 삶에는 선한 열매가 맺혀지고 있는가? 그 열매는 어디서 온 것인가?

1. 나는 하나님을 두려워하는 종인가? 아니면 하나님의 긍휼하심을 입어 그 긍휼에 참여하는 동역자인가? 함께 나누어 보자.

2. 당신이 선을 행하는 이유를 말해 보자. 선행을 하지 않으면 벌 받을 것에 대한 두려움이 있는가? 하나님의 구원에 대한 감격과 감사로 선행을 하나? 우리가 하는 일의 동기를 점검해보자.

Review

여덟 번째 질문, “무엇을 하며 살 것인가?”

가톨릭은 사람이 자신의 구원을 위해 지불하는 죗값으로 선행의 의무를 해야 한다고 하였다. 그러나 종교개혁 이후에는 '사람은 하나님의 은혜로 구원받은 것을 감사하면서 자발적으로 선행을 할 수 있다'는 것으로 바뀌었다. 루터는 '선행은 내가 구원받기 위하여 조건적으로 하는 것이 아니라, 오히려 하나님께 구원받고, 하나님의 은혜를 받음이 너무도 감사해서 우리의 삶을 자발적으로 하나님께 드리는 것! 이것이 바로 우리의 선행이다'라고 했다.

◇◇ 비텐베르크의 루터 하우스에 있는 공동금고

비텐베르크의 루터 하우스에 있는 공동금고이다. 공동금고는 일종의 헌금함이다. 그런데 금고를 여는 부분의 자물통이 3개 있다. 이 금고를 열기 위해서는 반드시 3개의 열쇠가 필요하다. 열쇠 3개는 목사, 장로(신도대표), 시민대표(시의회가 선임)가 각각 하나씩 가지고 있는데 금고를 열 때는 3개의 열쇠를 함께 넣어야만 열린다. 무엇이 느껴지는가? 힘의 분배이다. 또한 이것은 교회가 교회만을 위해서 쓰지 않는다는 것을 보여준다. 교회가 속해 있는 비텐베르크시(市)와 함께 헌금을 쓰겠다는 것이다. 그리고 헌금은 재난을

당한 자나 은퇴한 목회자를 위한 기금으로 사용한다.

선행이라고 하는 것은 내가 구원받으려고 하는 것이 아니다. 구원받은 기쁨으로 우리 교회뿐만이 아니라 교회가 속한 지역을 위해서, 재난당한 이들과 도움이 필요한 자들을 위해서 사용되어야 한다. '우리는 어떻게 살아야 할 것인가?'라고 하는 질문이 필요한 이유이다.

루터가 95개조 반박문을 붙였던 성채교회의 내부로 들어가 보면 천장 장식이 거미줄처럼 되어 있고, 중심에는 루터의 장미 문장이 있다. 장미 문장에는 루터의 신학 핵심이 모두 들어 있다. 예수님의 보혈을 상징하는 '붉은 심장'이 있고, 죽음의 색을 상징하는 검은색의 십자가도 있다. 이것은 예수님이 우리를 위하여 죽으시고 보혈을 흘리셨다는 뜻이다.

우리는 어떻게 살아야겠는가? 믿음의 색으로 기쁨, 위로, 평강, 선한 영, 천사의 색을 상징하는 흰 장미처럼 예수님께서 우리를 위해 목숨을 바치셨으니 이제 구원받은 우리는 감사를 통해서 선한 일을 하며 살아야 한다. 푸른 하늘은 천상, 또는 미래를 상징하는 색이고, 그 주변의 황금색 원은 우리의 가치를 상징한다. 마지막 VIVIT라고 하는 단어는 '그가 사신다'라는 뜻이다. 이것은 '예수 그리스도께서 언제나 우리 가운데 거하신다'라는 것을 의미한다. 그래서 지금도 루터교회에서는 이 장미 문양이 사용되고 있고 영국, 독일, 유럽에 가면 수많은 장미 문양을 볼 수 있다.

"삶의 비전은 무엇인가?"

선행은 지속적이고 반복적으로 일어나는 일상의 예배이다. 선행은 내가 지은 잘못을 뉘우치고 죄책감을 덜기 위한 도구가 아니다. 또한 선행은 나에게 돈이 있고 시간이 있으니 하는 자선 행사가 아니다. 선행은 나의 환경과 형편에 상관없이 하나님을 찬양하고 하나님의 이름을 부르는 섬김이다. 하나님을 사랑하는 사람은 누구나 하나님이 만드신 인간에 대한 존중과 사랑의 봉사에 대한 열망이 있다. 이는 선행이 나로부터 시작된 것이 아니라 하나님으로부터 시작되었다는 것을 안다. 그리고 하나님께 영광 돌리기 위한 목적으로 선행을 하기에 삶을 바라보는 관점이 다르다. 비전은 청소년에게만 필요한 게 아니다. 삶의 목적은 앞으로 남은 생을 무엇을 하며 살 것인지에 대한 것이다. 그래서 어디로 갈 것인지, 그리고 무엇을 이루며 살 것인지에 대해 질문이 빠지지 않는다. 삶의 비전은 결국 우리가 가는 최종 목적지에 대한 질문과 밀접하기 때문이다.

1

중세교회와 인간의 비전

가톨릭은 사람을 영권과 속권으로 나눴다. 그리고 영권이 속권보다 우월하다고 주장했다. 교황, 주교, 사제, 수도사, 수녀들을 영적 계급으로 부르고 제후, 영주, 장인, 농부들은 세속적 계급으로 보았다. 특히 교황은 성경의 유일한 해석자로 자처하며 교황만이 공의회를 소집할 수 있다고 주장했다.

◇◇ 영권과 속권의 계급

가톨릭은 사람을 구별하기 시작한다. 그런데 좋게 생각해서 구별이지 이것은 사람에 대한 차별이다. 사람을 계급으로 나누듯 영권과 속권으로 나눴다. 영권은 영적인 권세의 줄임말이며, 속권은 속세의 권세를 뜻한다. 그런데 영권이 속권보다 훨씬 더 우월하다고 주장했다. 영권은 교황, 주교, 사제, 수도사, 수녀와 같이 교회에서 하는 일을 하는 사람들이 속하고, 속권은 그 밖의 사람들로 세상의 일을 한다고 이해했다.

그리고 이 모든 계층 위에 교황이 있다. 교황은 하나님과 거의 동등한 위치에 있다. 교황이 말하면 무조건 100% 진리로 받아들인다. 가톨릭의 주요 교리에는 '교황무오설'이 있다. 교황은 잘못하지 않는다는 것이다. 그러니 교황이 모든 것을 결정할 수 있고 결정한 것에 대해서는 반문할 수 없다. 또한 교황 아래에는 주교가 있고, 주교 밑에는 사제가 있다. 사제 밑에 수도사가 있고, 수녀가 있다. 이것을 영적 계급이라고 불렀는데, 모든 사람은 영권에 절대복종해야 했다. 그리고 세속에는 제후가 있고, 제후 밑에는 영주가 있고, 영주 밑에는 장인, 농부가 있다. 이것을 세속적인 계급인 속권이라 불렀다.

이처럼 중세에는 영권과 속권을 철저히 구별하여 교황이 제후를 제압하고, 주교가 영주를 제압하고, 사제가 장인과 농부를 제압하는 식으로 교회와 관련된 사람들이 세상의 사람들을 다 지배하고 살았다.

그런데 고해성사는 신부에게 가서 모든 죄를 고백하는 것으로 고백하지 않으면 지옥으로 간다고 가르쳤다. 그래서 사람들은 모든 죄를 낱낱이 신부에게 말했다. 동시에 사제는 고백한 사람들의 모든 죄를 다 알게 된다. 고백한 사람의 모든 부끄러움을 다 알고 숨겨진 것들을 알고 있다. 그래서 고백자는 모든 죄를 다 알고 있는 사제를 함부로 대할 수 없다. 이것은 매우 불편한 일이다. 현대 교회에도 성직자와 평신도라고 하는 체계가 있다. 이것이 과연 옳은 것일까?

성경을 보면 성직자와 평신도에 대한 구별이 없다. 성경에는 사역자들이 사역하는 것과 봉사자들이 봉사하는 것의 구별이 없다. 사역과 봉사한다는 단어는 똑같은 단어로 쓰였다. 헬라어 '디아코니아'(diaconia)라는 단어는 사역자와 평신도에게 동일하게 사용됐는데, 사역자에게 쓰면 '사역하다'라는 뜻이 되고, 평신도에게 쓰면 '봉사하다'라는 뜻이다. 그래서 디아코니아(diaconia)는 영어로 미니스트리(ministry)를 파생하게 되었고, 미니스터(minister)는 사역자를 뜻하는 것처럼 쓰이지만 사회에서는 장관을 지칭하기도 한다. 교회에서 사역하고 봉사하는 일은 같은 어원에서 비롯되었다. 그러므로 모든 성도가 다 미니스터이다. 교회에서 '어떤 사람들은 사역자로, 어떤 사람들은 봉사자로 섬기는 것'이라고 할 때 같은 뜻이다. 교회 안에서 과연 성직자의 위치와 성도의 위치를 어떻게 이해해야 할 것인지 깊이 생각해봐야 할 지점이다.

또한 교황은 공의회를 소집할 수 있었다. 교회의 모든 것은 공의회에서 결정된다. 속세를 지배하고 황제보다 위에 있는 교황이 성경을 해석하고 "성경에서 이렇게 말했으니 이렇게 결정하자!"라고 공의회에서 말하면 그대로 됐다. 오직 한 사람이 독점했다. 신앙에 관한 것을 독점하고, 사회의 모든 것을 독점하는 것이 교황의 권세였다. 그러니 이 당시 교황의 힘은 상상을 초월했다. 그리고 교황과 같이 있는 사제들, 주교들, 추기경들도 덩달아 어마어마한 권세를 누리게 되었다. 교회 안에서만 그냥 높은 사람이 아니라, 사회적으로도 엄청난 재산과 땅과 권세를 가지고 사람들을 부리며 살아갔다. 그래서 교회에서 성직을 가지게 되었다는 것은 사회적으로 대단한 출세를 하고, 영향력을 발휘하게

된 것을 의미했다.

〈이냐시오 로욜라의 기적〉(1616년)이란 작품은 패테르 파울 루벤스의 그림이다. 이냐시오 로욜라는 굉장히 유명한 사람이다. 가톨릭에서 예수회를 만든 사람으로, 성인으로 추앙받는 인물이다. 이 사람은 일반 사제들보다 사람들을 많이 사랑했던 사람으로 평가된다. 그래서 그를 찾아오는 사람들이 많았다. 가난한 사람, 불쌍한 사람, 미친 사람, 병든 사람 등과 같이 사회적으로 소외된 사람들이 로욜라를 찾아왔다.

그런데 이 그림을 보면 로욜라를 찾아오는 사람들과 로욜라 사이에는 벽이 있다. 정확한 경계가 있다. 사람들이 아무리 많이 몰려와도 로욜라에게 가까이 갈 수 없었다. 게다가 이 사람들은 누군가를 보고 있다. 누구인가? 사람들의 시선은 넘볼 수 없는 벽 너머에 있는 사제를 보고 있다. 사람들의 시선이 사제를 보고 있다는 것은 사제를 하나님과 동일시 한다는 뜻이다. 사제를 바라보면서 사제를 하나님의 대리자로서 높이고 의지하고 있다. 즉, 사제가 모든 성도 위에서 군림하는 것이다.

그런데 로욜라는 어디를 보고 있는가? 사람들을 보고 있지 않고 허공을 응시하고 있다. 사제가 허공을 응시한다는 것은 하나님과의 합일을 추구하는 신비주의의 특징이다. 사제가 무엇을 보고 있는지 아무도 모른다. 오직 사제만이 안다. 왜 그럴까? 일반 사람들은 사제와 수준이 다르므로 알 수가 없다는 것이다. 아무리 사람들을 사랑하는 사제라고 해도 사람들과의 사이에는 벽이 있고, 벽 너머에서 바라보는 시선은 너무도 달랐다.

실제로 중세의 사제들은 미사를 집전할 때 사람들을 보지 않았다. 뒤돌아서서 앞쪽을 바라보며 했었다. 왜 그럴까? 자신들은 사람들과 눈을 맞출만한 수준이 아니라는 것이다. 그래서 사람들은 사제의 뒷모습을 우러러보며 하나님과 동일시하면서 신비롭게 쳐다보았다.

개신교 신앙의
가장 큰 특징 :

신분, 계층의
구별 없이
모두가
예수님께 집중

아들 루카스 크라나흐, 비텐베르그 시교회 제단화 (중앙 하단, 4강)

루터의 아내 폰 보라와
아들 한스, 갓난아기와
비텐베르그 시민들

교회의 기둥 되신
십자가의 그리스도.
옷자락은 부활상징

왼손은 성경에
오른손은 십자가를
가리킨 루터

◇◇ 개신교 신학의 특징

그러면 개신교의 신학은 어떤가? 비텐베르크시(市) 교회의 제단화 중앙 하단에 있는 그림이다. 사람들이 누구를 보고 있는가? 사람들의 시선은 예수 그리스도를 보고 있다. 개신교의 신학은 누구나 예수님을 주목한다.

그러면 루터는 누구를 보고 있나? 루터도 예수 그리스도를 보고 있다. 손가락은 누구를 가리키고 있나? 예수 그리스도를 가리키고 있다. 개신교 신학의 핵심은 신분과 계층의 구별이 없이 모두가 다 예수님께만 집중하고 있다.

만약 목사에게 모든 것을 의지한다면 그것은 개신교가 아니라 가톨릭이다. 교회의 미래는 목사에게 있는가? 아니다. 예수 그리스도께 있다. 목사도 예수님만 바라봐야 하고, 성도도 예수님만을 바라봐야 한다. 우리 서로가 예수님처럼 살아간다는 것은 예수님과 24시간 동행하고 우리의 시선을 예수께로 향해야 한다는 것을 의미한다.

그런데 가톨릭에서는 왜 성인이 있는가? 나 스스로는 하나님께로 가지 못하니까 성인이 필요한 것이다. 그런데 개신교의 신학은 우리가 모두 하나님께로 나아와 기도하고, 말씀 받고 하나님과 교제할 수 있다. 그래서 우리에게는 중간 역할을 하는 성인이 필요 없다.

◇◇ 성경읽기

“그러나 너희는 택하신 족속이요 왕 같은 제사장들이요 거룩한 나라요 그의 소유가 된 백성이니 이는 너희를 어두운 데서 불러내어 그의 기이한 빛에 들어가게 하신 이의 아름다운 덕을 선포하게 하려 하심이라” (베드로전서 2:9)

우리가 누구인가? 우리는 하나님께서 택하신 족속이고 왕 같은 제사장이다. 여기에서 ‘만인제사장설’이 나왔다. 모두가 다 왕 같은 제사장이고, 거룩한 나라이고, 그의 소유가 된 백성이다. 제사장은 하나님께 나아가 제사를 지내는 사람이다. 예배하는 사람이다. 그전까지는 사제만 제사장이었다. 교황만 제사장이었다.

그런데 성경을 보니 이것은 사실이 아니었다. 루터는 “성경에서 말하길 너희는 왕 같은 제사장이고, 거룩한 나라이며, 그 소유된 백성이라고 하는데 왜 우리는 아니라고 말하는가?”라고 질문했다. 여기서 ‘너희’는 누구인가? 성직자들만을 말하는가? 아니다. 베드로가 이 편지를 쓰는 대상은 흩어진 성도들이었다. 핍박받고, 죽어가고, 아파하는 모든 성도가 바로 ‘너희는’에 해당하는 사람들이었다.

그래서 여기서 말하는 ‘너희’는 사제만이 아니라 모든 성도를 뜻한다. 이 본문으로부터 개신교의 ‘만인제사장설’, 또는 ‘만인사제설’이 나왔다. 또한 세상에서 아파하고, 핍박받고, 괴로워하는 너희를 어두운 데서 불러내어 그의 기이한 빛에 들어가게 하셨다고 성경은 말한다. 우리는 어둠이 아닌 빛이다. 성직자만이 아니라 우리 모두가 빛이다. 그래서 우리를 구해주신 분의 이름다운 덕을 선포하게 하려는 것이다.

복음을 선포하는 것은 목사만 하는 것이 아니다. 사역자만 하는 것이 아니다. 모두가 해야 하는 일이다. 우리의 삶을 통해 나를 어두움에서 건져 빛으로 들어가게 하신 하나님을 선포하는 삶이 우리의 비전이 되어야 한다. 만인제사장은 돈 벌어 잘 사는 것이 아니라 내 삶의 분명한 목적을 발견하여 놀라운 빛 가운데로 들어가게 하신 그분의 이름다운 덕을 선포하는 것을 사명으로 여겨야 한다.

95개조 반박문의 **해석**

50조 : 교회를 세우는 건 성도들의 헌신이다! 그리스도인들에게 이것을 분명히 가르쳐야 한다. 만일 교황이 면죄부 설교자들의 갈취 행위를 안다면, 그는 자기 양의 가죽과 살과 뼈로 베드로 성당을 올려세우기보다 차라리 불태워 잿더미가 되는 것을 바랄 것이다.

교황 레오 10세가 짓고 있는 베드로 성당은 자기 양의 가죽과 살과 뼈로 세우고 있는 것과 같다. 이것을 바르게 세워야 한다. 교회를 세우는 것은 교황의 이름값이 아니다. 교황은 이것을 통해 자신의 치적을 자랑하고 "내가 지었어!" 라고 하지만, 루터는 "아니다. 그것은 양들의 피고, 살과 뼈다! 성도들의 헌신으로 교회를 세우고 있다!"라고 강조했다. 이것이 현실이고, 인정해야 할 사실이다. 교회는 목사의 것이 아니라 성도 한 사람 한 사람의 것이다. 누구 이름으로 대표될 수는 있겠지만 대신할 수 없는 것이 교회이다. 성 베드로 성당을 누가 지었나? 성도들의 피와 땀과 눈물로 지은 것이다. 교황이 지은 게 아니란 말이다.

2

종교개혁의 결과 :『독일 귀족들에게 고함』

교황이 종교적 권위로 공격하자 루터는 그동안 영권에 눌려있던 세속 계급인 귀족들을 일깨우며 도움을 요청했다. 교황청이 독일 황제 위에 군림하면서 지나친 세금을 거두는 월권을 지적하면서 정교분리를 주장했다. 루터는 사제와 성도가 수직적 계급이 아니며 모든 이가 하나님 앞에서 단독자로 서는 제사장이라는 만인제사장설(만인사제설)**을 주장했다. 성찬에서 사제뿐 아니라 성도들에게도 떡과 포도주를 주는 양형성찬이 시행되었고, 집례자가 성도들을 보게 되고 회중 찬송이 불려지게 되었다.**

루터의 『독일 귀족들에게 고함』(1520)은 굉장히 유명한 책이다. 1520년에 유명한 논문 3개(『교회의 바벨론 포로』,『의지의 속박』,『독일 귀족들에게 고함』)를 썼는데 그중에 가장 중요한 내용을 담고 있는 책이다. 앞서 『교회의 바벨론 포로』, 『의지의 속박』에 대해서는 이미 살펴보았다.

『독일 귀족들에게 고함』은 왜 귀족들이냐는 것이다. 교황이 종교적인 권위로 루터를 공격했다. 이때 루터는 도움을 요청할 수 있는 사람이 없었기에 영권에 눌려있던 세속계급인 귀족들에게 도움을 청했다. 귀족들을 일깨워서 "왜 교황에게 속해 있는가? 왜 교황에게 너희들이 놀아나고 있는가? 그럴 필요가 없다"라는 이야기를 이 책에 썼다.

그런데 교황청이 독일 황제 위에 군림하였다. 당시 독일은 GNP, GDP의 약 30% 정도를 교황청에서 세금으로 가져갔다. 독일은 열심히 일해서 이탈리아를 먹여 살리고 있었다. 이것은 "너무 지나치지 않느냐?" 지나친 세금을 거두는 것에 대해서 귀족들이 지속해서 반감을 품고 있었다. 그렇지만 입도 뻥긋 못했다. 왜 그럴까? 교황이 파문하면 아무 일도 할 수 없기 때문이다.

그런데 이 문제를 루터가 공론화하고 지적하면서 "이제는 종교가 사회와 분리되어야 한다. 교황은 교회에서나 높은 사람이지, 왜 교황이 사회에서까지 황제 위에 있느냐? 교회가 모든 세상을 지배하느냐? 이럴 수는 없다. 그들은(성직자) 귀하고, 일반 성도들은 아무것도 아닌가?"라고 주장하기 시작했다.

중세의 교회는 오늘날과는 달랐다. 오늘날에는 교회 다니는 사람이 소수이다. 교회에 다니지 않는 사람이 다수이다. 그러나 이 당시에는 교회에 안 다니는 사람이 없었다. 모두가 교회에 다니는데 교회에서 성직자인가, 아닌가의 차이만 있을 뿐이었다. 귀족들은 누구인가? 교회에는 다니지만, 성직자가 아닌 사람들이었다. 교황과 사제도 교회에 다닌다. 그러나 그들은 성직자이다. 이 차이를 말하는 것이다. "똑같은 교회 안에서 성직자인가, 아닌가의 차이로 모든 것을 누르고, 모든 것을 갈취하는 행위가 과연 옳은 것인가?"라고 물었다.

또한 사제라는 이유만으로 모든 것에 우선했던 것에 반발하면서 과연 성경적으로 옳은 것은 무엇인가? 과연 우리의 가치는 무엇인가를 질문하기 시작했다.

◇◇ 만인사제설과 양형 성찬

그리고 루터는 사제와 성도는 수직적인 계급이 아니고 수평적인 관계라는 것을 말하기 시작했다. 그러면서 이것을 디아코니아(diaconia)로 설명했다. 성경 원문을 보니 목사가 설교하고 목회하는 것도 디아코니아이고, 성도들이 교회 와서 예배하고, 친교하고, 교사 봉사하는 것도 디아코니아라는 것이다. 그러므로 일반적으로 성도들이 하는 일과 성직자가 하는 일이 똑같다고 했다.

다르다면, 목사는 100% 교회에서 하나님의 일을 하고, 일반 성도들은 100% 사회에서 하나님의 일을 하는 것이 다를 뿐이다. 목사만 하나님의 일을 하고, 일반 성도들은 세상의 일을 하는 것이 아니라는 말이다. 왜냐하면 우리는 모두 하나님의 자녀이고, 하나님의 영광을 위해서 하는 일이기 때문이다.

그래서 모든 이가 하나님 앞에서 단독자로 서는 제사장이다. 단독자라는 말은 하나님 앞에는 개인이 서며, 그 사이에는 그 어떤 사람도 대신 끼어들 수 없다는 뜻이다. 또한 이 말은 누구를 통해서 하나님 앞에 서지 않는다는 것을 의미한다. 우리는 성인을 통하지 않고, 마리아를 통하지 않고, 사제를 통하지 않는다. 개신교는 그래서 고해성사하지 않는다. 루터가 주장한

"만인사제설"을 통해 이제 너희만 사제가 아니고, 우리가 모두 다 사제라는 것을 주장했다. 지금까지 사제는 고해성사를 듣고, 성도는 사제에게 고해성사하는 입장이었다.

그러나 루터는 우리는 모두 다 우리를 위해 죽으신 예수님의 희생 앞에서 구원받았고, 용서받았고, 모두 다 하나님의 자녀가 되었음을 선포했다. 그러므로 교회나 사제가 우리의 신앙을 대신해 줄 수 없음을 주장했다. 우리가 유명한 교회에 다닌다고 해서 우리 자신이 유명한 성도가 되는 게 아니다. 우리가 괜찮아 보이는 교회에 다닌다고 해서 우리 자신이 괜찮아 보이는 성도가 되는 것도 아니다. 왜 그럴까? 교회의 이름값에 기대어도 하나님 앞에서는 아무 소용이 없기 때문이다.

그러므로 '나'라는 사람 자체가 건강한 교회가 되어야 한다. 대형 교회에 다니는 사람들은 자신 있게 말하고, 작은 교회 다니는 사람은 기죽어서 작은 소리로 말하는 사람들이 있다. 목사들도 똑같다. 서로 어느 교회에서 목회하십니까? 물어보면 말하지 않는 목사가 있다. 대신 "그냥 조그만 교회에서 목회하고 있습니다"라고 말한다. 하나님의 교회인데 조그만 교회가 어디 있는가? 마치 대기업에 입사하듯이 교회를 쇼핑하고, 교회를 선택하고, 교회에 묻어가려고 하면 안 된다. 좋은 교회 가서 신앙생활 열심히 하겠다는 것은 좋은 일이지만, 좋아 보이는 교회에 가서 적당히 신앙 생활하는 것은 잘못된 신앙생활이다.

또한 종교개혁 이후 성찬을 할 때 이제는 사제뿐 아니라 성도들에게도 떡과 포도주를 주는 양형 성찬이 시작되었다. 지금까지는 사제들만 포도주를 마셨다. 사람들에게는 떡만 주었다. 왜냐하면 포도주를 주면 자꾸 흘리고 수염에 묻기 때문에, 주님의 피가 수염에 묻어 있으면 안 되기 때문에 떡으로 수염에 묻은 포도주를 닦으면서 먹었다. 이것이 깨끗해 보이지 않았다. 그리고 농부들이 거친 손으로 포도주를 받다가 바닥에 떨어뜨리고 잔이 깨지면 사제는 포도주를 한 방울도 남지 않게 핥아 먹어야 했다. 사제가 떡과 포도주를 축성하는 순간 예수님의 몸과 피로 변화되기 때문에 한 방울도, 한 조각도 흘리면 안 된다는 교리 때문이다. 그러다가 혀를 다치고 상처를 입으니깐 포도주는 주지 않고 떡만 주게 되었고 포도주는 사제만 마셨다.

그러나 만인사제설이 나오면서 비텐베르크시교회에서 처음으로 떡과 포도주를 같이 주는 양형 성찬이 시행되었다. 또한 집례자가 성도들을 보기 시작했다. 지금까지 집례자들은 하나님만 보았다. 성도들은 집례자의 뒷모습만 보고 미사를 올렸던 것에서 방향이 바뀌게 되었다.

그리고 사제만 찬송을 불렀던 것이 바뀌어 회중 찬송으로 불리게 되었다. 루터는 우리가 잘 아는 찬양 "내 주는 강한 성이요~~♪ 방패와 병기되시니~~♪"를 비롯하여 수많은 찬송가를 만들었다. 이때부터 수많은 찬송가가 보급되기 시작했고 회중 찬송이 처음으로 불리기 시작했다.

> **너희가 누구의 죄든지 사하면 사하여질 것이요, 누구의 죄든지 그대로 두면 그대로 있으리라 하시니라 (요20:23)**
>
> **천주교: 너희들 → 사제들만**
>
> **개신교: 제자들 → 모든 성도**

또한 고해성사는 교황과 가톨릭이 끝까지 놓지 않는 그들의 기득권이다. 요한복음 20장 23절을 '너희가 누구의 죄든지 사하면 사하여질 것이요 누구의 죄든지 그대로 두면 그대로 있으리라 하시니라'라는 말씀을 인용하여 "예수님이 우리에게 죄를 용서하는 권한을 주셨으니깐 너희들은 나한테(사제)로 와서 죄를 고백해!"라고 하면서 말이다.

그러나 개신교는 '누구의 죄든지 사하면 사하여질 것이요'라는 구절을 통해 이 말씀은 고해성사를 뜻하는 것이 아니라 우리 서로에게 죄를 고백하고 용서를 구할 때 '용서해 주라'는 뜻으로 해석한다. 자기 죄를 토설하는 자에게 "안돼! 너는 죄인이니깐 너는 용서받을 수가 없어!"가 아니라 죄를 고백하는 자에게 "서로 용서하고 주님의 사랑으로 덮어주라"고 하는 것이 개신교의 정신이다.

가톨릭을 오래 다니신 분이 이 본문에 관해 물어오셨다. "가톨릭에서는 사제들이 용서권을 가지고 계시며 또한 사면권을 가지고 있다고 하던데 어떻게 이해해야 하나요?"라는 질문이었다. 여기서 '너희'는 사제들만이 아니다. 우리 모두를 뜻한다. 우리는 모두 서로의 죄를 듣고 서로의 죄를 용서할 수 있다. 하나님이 우리 죄를 용서해 주지 않으시겠는가? 그래서 우리 죄를 용서하시는 하나님의 은혜를 우리가 알려줘야 한다. 그리고 사제가 아니어도 선언할 수 있다. "당신의 죄는 용서받았으므로 걱정하지 마십시오. 하나님께 나아가 회개하시고, 새로운 삶을 살아가면 됩니다"라고 말해 주면 된다. "하나님은 당신의 아버지이십니다. 당신이 회개할 때, 당신이 진실로 참회할 때, 하나님은 당신의 죄를 용서하시고 당신에게 새로운 삶을 열어 주십니다"라고 선언하면 된다. 이것은 우리가 해야 할 일이다. 이것이 "만인제사장설"이다.

물론 담임목사의 기도를 받으러 오는 그 마음도 안다. 오지 말라는 것이 아니라 담임목사에게 기도 받으러 오는 그 마음으로 여러분이 기도를 열심히 하면 된다. 그리고 목사한테 꼭 무엇을 확인받으러 오는 성도들도 있다. 목사는 하나님의 대리자가 아니다. 우리는 모두 하나님 앞에서 말씀을 받은 자이다. 우리는 하나님 앞에서 기도할 수 있고 중간에 누가 끼이지 않아도 된다는 것을 기억해야 한다.

◇◇ 카리바조의 〈의심하는 도마〉

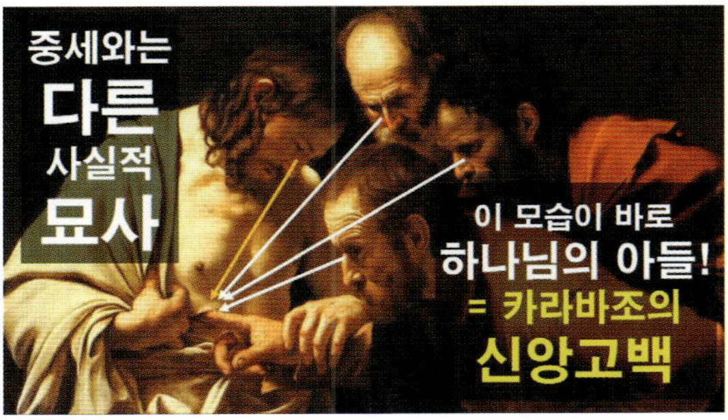

카라바조가 그린 〈의심하는 도마〉(1602) 그림이다. 서양 회화의 사조는 르네상스에서 종교개혁을 거치면서 바로크로 바뀐다. 바로크라는 말은 '일그러진 진주'라는 뜻이다. 그래서 르네상스가 볼 때 바로크는 굉장히 이상해 보인다. 무언가 일그러져 보이고 비정상적으로 보인다. 왜 그런가? 역동성이 있기 때문이다. 다빈치가 그린 〈최후의 만찬〉은 정형화되고, 균형이 맞는 르네상스 그림이다. 그런데 바로크는 굉장히 역동적이다.

또 다른 점은 성경에는 도마가 예수님의 상처에 손가락을 넣었다는 말이 없다. 그냥 예수님이 '보여주셨다'라고만 적혀 있다. 그런데 카라바조의 그림에는 도마가 예수님의 상처에 손가락을 넣고 있고, 예수님의 상처로 인해 움찔하는 모습이 연출된다. 이 장면에서 예수님의 모습은 중세의 르네상스에서 보여주는 모습과는 완전히 다르다. 종교개혁 이후의 미술이 보여주는 예수님에 대한 그림들도 많이 달라졌음을 알 수 있다.

한스맴링이 그린 중세 때의 예수님 모습은 공중에 떠 있고, 무지개를 타고 있고, 지구를 밟고 있는 어마어마한 위치이지만 지금은 완전히 다른 모습으로 도마가 예수님의 상처를 확인하고 있다. 이 그림이 상징하는 바가 무엇인가? 도마와 예수님 사이에 누가 있는가? 아무도 없다. 우리는 예수님의 상처에 손가락을 넣을 수 있을 정도로 가까이서 내 앞에 계신 예수님을 만나고 있다. 우리가 직접적으로 예수님을 대한다는 큰 의미가 있다. 도마의 시선이 어디로 향해 있나? 예수님의 상처를 보고 있다. 다른 제자들도 예수님의 상처를 뚫어지게 보고 있다. 예수님도 상처를 보고 있다. 예수님의 상처에 우리가 손을 넣는다는 것은 중세에는 상상도 못 할 일이다. 감히 하나님의 아들인 예수님의 상처에 손가락을 넣는다니? 상상도 못 할 일이다.

그런데 종교개혁 이후에는 예수님과 개인의 관계가 가까워졌음을 의미한다. 그림의 모습이 바로 카라바조가 고백한 신앙의 고백이다. "예수 그리스도는 하늘 위에 계신 신선님이 아니다. 그분은 우리에게 오셔서 마치 내 상처에 손가락을 넣어 보라고 말씀하셨듯이 우리에게 가까이 오시고, 직접적으로 우리를 만나주시고, 우리의 신앙을 확인시켜 주시는 분"이라는 것이 카라바조의 신앙고백이다. 좀 더 자세히 관심을 가지고 봐야 할 부분이 있다. 먼저, 도마의 마음은 어땠을까? 손가락을 상처에 집어넣으면서 "진짜 예수님이 맞아?" 확인하고 싶은 마음이었을 것이다. 둘째, 제자들의 관심은 어땠을까? "더 깊이 찔러봐" 이런 마음은 없었을까? 셋째, 예수님의 반응은 어떠한가? "여기야. 여기" 도마의 손을 잡고 상처 난 곳을 가리킨다. 넷째, 작가의 의도는? "정말 예수님이 맞아요? 예수님이 정말 나의 구세주가 맞아요? 예수님을 믿으면 정말 구원받는 것이 맞아요?" 서로 다른 질문과 시선들 사이에서 예수님이 답해 주신다. 나는 예수님에게 묻고, 예수님은 나에게 답해 주신다. 예수님에게 직접 나아가 나의 신앙을 확인받을 수 있는 가까운 사이이다.

여기서 카라바조가 한 가지를 더 의도한 것이 있다. 당시 신앙화의 핵심은 십자가이다. 그런데 이 그림에는 십자가가 없다. 부활하신 예수님과 제자들의 질문하는 신앙의 가치를 십자가로 나타내고 있다. 십자가는 어디에 있나? 바로 제자들과 예수님의 얼굴을 십자가로 배치해서 만들었다. 십자가는 예수님만의 십자가는 아니다. 질문하는 도마도, 함께하는 제자들도 십자가 안에 들어가 있다. 그래서 그들이 이제 새로운 교회를 이루게 되었다.

부활하신 예수님을 만나 질문하는 도마와 그들과 함께 예수님의 상처를 바라봤던 그들이 교회이다. 이들이 '하나님의 사람들'이라고 카라바조는 말하고 있다. 이제는 사제만, 교황만이 아니라 모든 이들에게 하나님을 만날 수 있는 길이 열린 만인제사장설, 만인사제설이다.

3

종교개혁의 질문 – “내 삶의 비전은 무엇인가?”

종교개혁 이전 : 사람은 세속 직업보다 사제가 되어 영적 성직을 수행하는 희망을 품어야 한다.

종교개혁 이전의 비전은 오직 하나였다. 사람은 세속 직업보다 영권을 가지는 사제가 되는 것이다. 사제가 되어서 영적인 세계, 성직을 수행할 수 있어야 사람답게 사는 것으로 생각했다. 이것이 인생의 목적이고, 비전이었다. 사제가 되어야 하고, 가장 높은 영권을 가져야 한다고 생각했다.

종교개혁 이후 : 사람은 누구나 하나님의 부르심 따른 직업에 충실하면 이것이 성직이다.

종교개혁 이후 달라진 점은 사람은 누구나 하나님의 부르심에 따라 살아간다는데 있다. 하나님은 성직자만 부르신 것이 아니라 모든 이들을 부르셨다. 그래서 무엇을 하든지 자기에게 맡겨진 일에 충실해야 한다. 자기가 살아가는 직업에 충실한 것이 바로 하나님의 일이다. 이것이 성직이다.

또한 만인사제설은 모든 사람을 사제로 여긴다. 모두가 하나님께 예배하는 자이고, 모두가 하나님의 자녀이다. 그래서 우리가 하는 모든 일들은 다 성직이다. 물론 교회 안에는 안수받은 성직자와 안수받지 않은 성직자가 있다. 목사들은 안수받은 성직자이고, 일반 성도들은 안수받지 않은 성직자이다. 그러므로 모두가 성직자이고, 모두가 예배자이고, 모두가 하나님의 일을 하는 사람들이다.

그러면 모두가 다 만인제사장인데 안수받은 목사는 왜 필요한가? 전문성 때문에 필요한 것이다. 환자가 불쌍하고, 돕고 싶다고 해서 누구나 다 수술용 칼을 들면 안 된다. 의학을 공부하고 의대를 나와서 인턴, 레지던트를 다 거쳐서 의사가 된 사람만이 칼을 들고 수술을 할 수가 있다. 마찬가지로 목사는 영혼의 의사와 같다. 말씀으로 영혼을 다루는 귀한 일을 해서 전문성이 필요하다.

그러면 목사가 사역하는가? 아니다. 사역은 성도들이 한다. 그러면 목사는 왜 있는가? 성도들이 사역을 할 수 있도록 일깨워주려고 있는 것이다. 성도들이 각자의 자리에서 하나님의 사역자로 설 수 있도록 도와주는 것이 목사의 역할이다. 그래서 목사가 성장하고, 좋은 목사 되는 것도 중요하겠지만 더 중요한 것은 성도들이다. 좋은 성도, 좋은 사역자가 되도록 성도들을 키우는 것이 올바른 방향이고 목적이 되어야 한다. 좋은 성도를 길러서 좋은 사역자, 좋은 성직자를 많이 만들어서 안수받지 않은 성직자로 사회와 가정과 직장과 일터에서 하나님의 자녀로 살아가도록 돕는 것이 교회 존재의 목적이다.

한때에는 교회가 커지는 것이 목적이었다. 하지만 그런 시대는 지났다.

종교개혁 이후로 교회는 교회가 커지는 것이 목적이 아니다. 우리의 목적은 좋은 성직자들, 좋은 목사들, 좋은 성도들을 만드는 것이다. 성도들이 가정에서 좋은 엄마, 아빠가 되고, 좋은 부모가 되고, 좋은 자녀가 되고, 좋은 학생이 되고, 좋은 공무원이 되고, 좋은 시민이 되도록 인도하는 일이 교회의 존재 이유가 되어야 한다.

◇◇ 루터의 아내: 카타리나 폰 보라

또한 이 당시의 사제들은 결혼하지 않았다. 왜냐하면 나는 거룩한 하나님의 일을 하느라 하찮은 가정일에 쓸 시간이 없다는 것이다. 그런데 루터는 어떠했나? 루터는 결혼해서 자녀를 6명이나 낳았다. 그리고 양자가 4명, 모두 10명의 자녀가 있었다. 루터의 가정에 10명의 제자가 함께 있었고, 늘 40여 명의 식솔이 있었다.

누가 그 사람들을 위해 살림을 책임지고 살았는가? 바로 카타리나 폰 보라이다. 루터의 아내이다. 이 사람은 원래 수녀였다. 카타리나 폰 보라는 12명의 수녀와 같이 수녀원에 있었다. 그런데 2년 후에 종교개혁이 시작되면서 12명의 수녀들이 수녀원 탈출을 계획한다. 그때 탈출을 도운 사람이 루터였다. 루터는 생선이 든 큰 통에 12명을 숨겨서 수도원을 빠져나왔다. 그렇게 계

카타리나 폰 보라
(1499-1552)

속 데리고 있다가 한 명씩 직업을 찾아가고, 이들이 결혼하게 되면서 11명이 루터의 집에서 나갔다. 그리고 루카스 크라나흐 화가가 비텐베르크에서 약국을 크게 운영했는데 폰 보라는 여기서 일했었다. 마지막까지 시집을 못 가고 있던 폰 보라와 루터가 결혼하게 된다. 나이는 16년 차이다.

루터는 그녀와 결혼하면서 이제부터 우리의 부르심은 가정이라는 것을 보여주고 있다. 온전한 가정을 이루지 않고, 어떻게 우리가 하나님 나라를 이룰 수 있겠는가? 그리고 주님이 오시는 마지막 때 우리가 해야 할 일은 무엇일까? 후대를 남기는 일이다. 결혼해서 자녀를 낳고, 그 자녀가 온전한 하나님의 자녀가 되는 것. 그것이 아주 중요한 우리의 성직이다. 루터도 결혼하고 아이를 낳아 길렀다. 두 사람이 만나 서로를 통해 온전한 성직을 이룰 수 있었다.

◇◇ 루터의 동역자: 루카스 크라나흐

루카스 크라나흐 약국 옆에는 공방도 있고, 루카스 크라나흐의 동상도

| 루카스 크라나흐 동상과 루터의 초상

| 루카스 크라나흐의 문장

있다. 루카스 크라나흐는 무엇을 그리고 있을까? 루카스 크라나흐는 평생을 그렸던 루터의 초상을 그리고 있다. 루카스 크라나흐의 공방 바로 옆에는 프리드리히 선제후가 루터와 폰 보라를 위해서 결혼 선물로 준 어거스틴 수도원이 있다.

이곳에 가면 루카스 크라나흐의 가문의 문장이 있다. 크라나흐 하우스라고 하는 약국과 공방이 같이 있는 곳이 있고, 바로 옆이 어거스틴 수도원이 있는데 거기에 폰 보라의 동상이 있다. 문을 박차고 나오는 진취적인 여인인 폰 보라의 모습이다. 정말 신앙적으로도 굉장히 모범이 되는 여인이다.

또한 유명한 이야기가 있다. 어느 날 루터를 죽인다는 사람 때문에 루터가 두려워서 낙망해 있으니깐 폰 보라가 검은 상복을 입고 나왔다고 한다. 루터가 "당신 어디 가요? 누가 죽었어요?"라고 물으니, 폰 보라가 "예, 하나님이 죽었습니다."라고 말했다. 그러자 루터가 "왜 하나님이 죽었느냐"고 되물었더니 "당신이 하는 꼴을 보니깐 하나님이 죽은 것 같아요. 하나님이 살아 계시는 데 그따위 표정을 하고 있나요? 힘 좀 내세요! 일어나라고요!!"라고 하면서 폰 보라가 말했다고 한다. 루터가 "알았습니다"하고 일어나서 설교하러 갔다는 유명한 일화가 있다.

그 정도로 폰 보라는 루터의 굉장히 좋은 동역자이고, 함께 사역하면서 자녀도 길러내고, 집안일도 일으킨 여인이다. 루터가 종교개혁에 힘쓸 수 있었던 것은 폰 보라가 같이 사역하면서 가정을 일궜기 때문이다. 그래서 루터가 종교개혁에 성공할 수 있었던 이유도 '내가 결혼했기 때문이다'라고 한 적도 있다. 결혼해서 나만을 바라봐 주는 동역자를 얻었기 때문에 힘을 낼 수 있었던 것 같다.

◇◇ 비텐베르크시교회의 〈제단화〉의 의미

비텐베르크 시(市) 교회의 제단화이다. 제단화 중앙화는 루카스 크라나흐 아버지가 그린 그림이다(1530년. 1547년 4월 24일 봉헌). 나머지는 아들이 그린 그림으로 1547년도 4월에 봉헌했다.

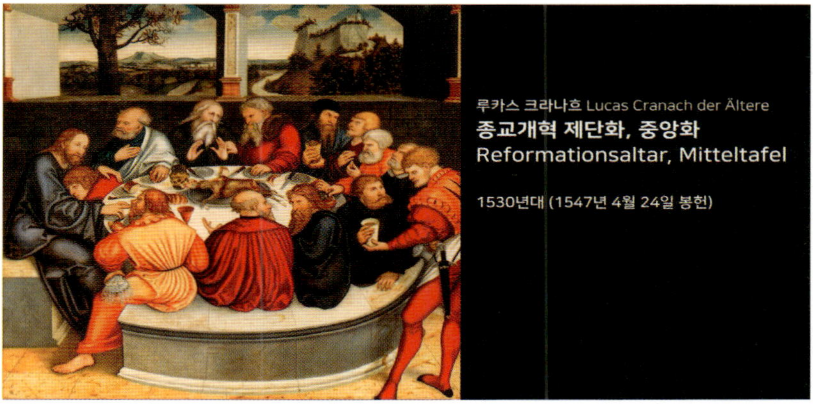

루터는 1546년 2월에 죽는다. 죽고 나서 1년 뒤에 봉헌된 작품이다. 그래서 이 그림을 그릴 때는 루터의 말년에 해당한다. 루터의 모든 신학을 다 담았던 그림으로 이 작품은 〈최후의 만찬〉이라 불린다.

최후의 만찬인데 기존에 우리가 아는 그림과 다르다. 식탁의 모양이 원형으로 되어 있다. 원형은 상석이 없다는 의미이다. 모두가 동등하다는 것이다. 그리고 가운데를 보면 고기(어린양)를 중심으로 앉아있다. 이전에 배웠던 중세 르네상스 시대의 작품은 항상 위계와 질서를 강조했다. 그래서 식탁이 있으면 가운데 상석이 있다. 그런데 종교개혁 이후에는 그것이 사라지고 원형으로 대신한 것이다.

이 그림을 자세히 살펴보면 먼저 예수님이 계신다. 그리고 예수님 품에 안겨 있는 사람은 사랑받는 제자 요한이다. 어느 그림이든 예수님 품에 안겨 있으면 대부분 요한이라고 보면 된다. 그 옆에 머리가 벗겨진 사람은 누구일까? 중세 그림에서 머리가 벗겨진 사람은 대부분 바울이었다. 그러나 이 그림 속, 머리가 벗겨진 사람은 베드로이다. "예수님 저입니까? 제가 배반한다는 것입니까?" 이렇게 말하고 있는 베드로의 모습이 보인다. 그런데 왜 베드로를 머리가 벗겨지게 그려 놓았을까? 이 그림의 비밀은 비텐베르크 시민들을 모델로 그린 것에 있다. 시민들이 모델이 되었다. 시민들이 교회로 오면 정면 제단화에 자기의 얼굴이 그려져 있는 것을 봤다. 굉장히 익숙한 모습들이 그림 속에 나온다. 교회에 왔는데 제단화 그림 속에 내가 그려져 있다는 것은 당시에는 굉장히 파격적이었다.

노란 옷 입은 사람은 누구일까? 가룟 유다다. 옆에 돈주머니를 차고 있는 모습이다. 이 당시 성화에서 노란 옷을 입은 사람은 가룟 유다다. 노란 옷은 배신을 상징한다. 그래서 히틀러가 2차 세계대전 때 유대인에게 주던 별

(유대인의 별) 이 노란색이다. 원래 유대인의 별(다윗의 별)은 파란색이다. 그런데 이때 히틀러가 "너희는 예수를 배신하고 죽였어!"라고 노란색 별을 달아주

었다. 그래서 노란색은 유다와 배신을 상징한다.

그런데 그림 속에 마틴 루터도 같이 앉아있다. 예수님의 성찬에는 사도들만이 아니라 일반 현대인들도 끼어 있다. 마틴 루터가 잔을 내어주고 있는 모습이다. 식탁 안에서 받은 잔을 식탁 밖으로 내어주고 있다. 잔을 받는 사람은 루카스 크라나흐 아들로 자기 아들을 그려 넣었다. 루터가 포도주를 밖에 있는 사람에게 나눠주고 있다. 안에선 만이 아니라 밖으로 예수님의 사랑을 전하고 있다.

더 중요한 것은 한스 루프트이다. 성경을 번역하고 찍어냈던 인쇄업자이다. 이 당시에는 저작권이라는 개념이 없었기 때문에 인쇄로 찍어내면 돈이 되기 때문에 굉장히 돈을 많이 번 사람이다. 중요한 것은 이 사람이 여기에 왜 있을까? 사제도 아니고, 성직자도 아니고 루터의 친구도 아니다. 동네 사람일 뿐인 한스 루프트가 여기 있는 이유는 무엇일까? 이것은 '교회가 무엇인가?'를 보여준다.

교회란 사제이든, 성도이든 상관없이 누구나 예수님과 함께 한 식탁에 둘러앉아서 사랑을 나누는 신앙공동체라는 것을 보여줘야 한다. 만인사제설은 급이 없다는 것이다. 누가 더 예수님과 가깝고, 누가 더 예수님과 멀다는 것이 없다. 루터와 인쇄업자가 함께 나란히 앉아있을 정도로 우리는 모두 하나님 안에서 계급없이 사랑을 나누는 신앙의 공동체라는 것을 보여주고 있다.

이 그림은 우리 교회의 교역자, 행정간사, 관리집사, 담임목사가 사용하고 있는 의자이다. 같은 회사, 같은 가격, 같은 재질의 같은 의자를 쓰는 이유는 무엇일까? 적어도 우리가 있는 자리는 같다는 것이다. 그 자리가 어디인가? 하나님을 섬기는 자리이다. 서로를 사랑하는 자리이다. 그래서 우리가 서로 역할이 다른 차이는 있을 수 있지만 우리 모두의 역할은 같다라는 것을 상징적으로 나타내기 위해서 모든 교육자와 직원이 같은 의자를 쓰면서 하나의 정신을 공유하고 있다.

◇◇ 결론

모든 그리스도인은 영적인 제사장으로서 다른 어떤 인간 매개자나 중개자 없이 오직 참된 중보자이신 예수 그리스도를 힘입어 하나님께 담대히 나아가 예배하며 교제할 수 있다. 동시에 그리스도인은 하나님을 알고 사랑하도록 부름을 받은 신학자이며 하나님의 덕을 선전하고 예수 그리스도의 피 묻은 복음을 증거하는 선교사이다.

모든 그리스도인은 영적인 제사장이다. 이 점에 대해 쾌재를 부를 것이 아니라 책임감을 느껴야 한다. 이제 나는 성직자로 살아야 하기 때문이다. 우리는 모두 다 성직자이고 제사장이다. 다른 어떤 인간 매개자 없이 오직 참된 중보자이신 예수 그리스도를 힘입어 하나님께 나아갈 수 있는 것은 이런 이 때문이다. 그래서 우리는 하나님 앞에서 기도할 수 있고, 말씀을 해석할 수 있고, 묵상할 수 있다. 우리는 예배할 수 있다. 예배하는 것 자체가 제사장이 필요 없다는 것이다. 내가 제사장이기 때문이다. 사제가 필요 없다. 내가 사제이기 때문이다. 사제의 축성이 필요 없다. 그리고 직접 하나님과 교제할 수 있다. 이것이 얼마나 귀한 일인가? 하나님은 내 아버지이시다. 아버지와 아들이 교제할 때 그 사이에 누가 필요한가? 중간에 누가 끼어들어서 "안돼! 여기부터는 너희는 못 와!" 이런 중간 매개체가 필요 없다. 아버지와는 그냥 교제한다. 누구도 막지 못한다. 이것이 하나님과 우리와의 관계이다.

동시에 그리스도인은 하나님을 알고 사랑하도록 부름을 받은 신학자이다. 만인제사장설은 만인신학자설이다. 우리가 모두 신학하는 사람들이다. 신학교에 안 갔지만 하나님을 알고 사랑하고 부름을 받았다는 것 자체가 신학이다. 우리는 모두 이미 신학을 하는 것이다. 말씀을 읽고 말씀을 들을 때 속으로 해석하는 것 자체가 신학이다. 내가 기도할 때 하나님을 부르는 것도 신학 하는 일이다. 여러분들이 "나는 신학자 아니고, 나는 제사장 아니고, 나는 그냥 평신도인데요"라고 생각할지 몰라도 우리는 모두 제사장이고 모두 신학자이다.

그리고 하나님의 덕을 선전하고, 예수 그리스도의 피 묻은 복음을 증거하는 선교사이다. 우리는 만인선교사이다. 우리는 모두 다 제사장이면서 신학자인 동시에 선교사이다. 우리의 비전이 무엇이냐고 물으면 제사장이고, 성직자이고, 신학자이며, 선교사이다. 이것이 우리의 비전이다. 담임 목사만이 아니라 우리가 모두 다 신학자이며 선교사이다. 그래서 하나님을 더 알고 싶고, 더 깊이 알아야 하고, 하나님을 증거하는 하나님의 사람들이라는 것을 잊지 말아야 한다.

◇◇ 소그룹 모임에서 나눌 질문

당신의 삶에 비전은 무엇인가요?

1. 지금까지 읽은 내용을 통해 새롭게 느낀 점, 알게 된 점, 정리된 부분이 있다면 같이 나눠보자.

2. 개신교의 탄생, 가톨릭과 개신교의 중요한 차이, 기도와 선행, 예배의 차이에 대해 정리해보자. 건강한 교회는 어떤 교회인지 또한 생각해보자.

3. 만인제사장설은 무엇이며, 나의 일상을 소명의 자리로 만들어가기 위해 하나님이 부르심을 어떻게 생각하고 있는지 살펴보자.

Review

아홉 번째 질문, "내 삶의 비전은 무엇인가?"

종교개혁 이전의 교회는 '사람은 세속 직업보다는 사제가 되어 영적인 성직을 수행하는 비전을 가져야 된다'라고 주장하였다. 그러나 개혁 이후에는 '사람은 누구나 하나님의 부르심에 따른 직업에 충실해야 한다'라는 것을 알게 되었다. 교회에서 뿐만이 아니라 우리의 모든 직업, 사회에서, 일터에서, 가정에서, 부부로서, 부모로서의 모든 직업은 소중하다. 교회 일은 성직이고, 교회 밖의 일은 세속적이라고 생각할 게 아니다. 누구나 그리스도 안에서 다 성직자이고, 사제이고, 제사장이다. 안수받는 성직자와 안수받지 않은 성직자가 있을 뿐, 우리는 모두 다 성직자이다. 또한 우리는 모두 다 하나님을 위해서 일하고, 가정에서, 일터에서도 하나님의 영광을 위해 살아가야 한다.

부겐하겐의 청빙위원회
1. 교회 (신앙)
2. 대학 (지성)
3. 시의회 (사회적 인격)
루카스 크라나크가 그린 비텐베르그의
멜랑히톤, 루터, 요하네스 부겐하겐
(학자, 지도자, 최초의 개신교 목사)

비텐베르크시 교회에서 목회하시던 세 분이 있다. 학자인 멜랑히톤, 지도자(설교자)인 루터, 최초의 개신교 목사인 요하네스 부겐하겐이다. 비텐베르크시 교회의 최초 목회자인 요하네스 부겐하겐를 청빙할 때 청빙위원회의 기록이 남아있다. 어떻게 교회에 오게 되었을까? 일단 지금의 방식과 다르다. 오늘날 담임목회자는 교회에서 청빙한다. 그런데 당시에는 교회와 비텐베르크 대학과 비텐베르크 시의회가 함께 참여했다. 이렇게 부겐하겐 목사님을 청빙을 할 때 교회에서는 신앙을 보고, 대학에서는 지성을 보고, 시의회에서는 사회적 인격을 보았다. 이것은 당시 개신교 목사들의 자부심이었다.

그러나 가톨릭의 사제는 주교가 임명하면 바로 그 자리에서 사제가 될 수 있었다. 그런데 개신교는 교회와 대학, 시의회 3곳에서 인정하지 않으면 청빙이 될 수가 없었다. 그만큼 개신교가 신앙과 지성, 사회적 인격을 추구하였고 모든 것을 온전히 갖추어야 목회를 할 수 있었다. 오늘날에도 이 부분을 잘 이어갔으면 좋겠다. 교회가 지역이 인정하는 사람을 모시고 인격적, 지성적, 신앙적으로 교회와 지역을 살려낼 수 있는 분들을 모시는 분위기가 다시 일어나면 좋겠다.

독일 비텐베르그 만인성자교회 어린이들이 그린 제단화

독일 비텐베르크 만인성자교회의 벽에 걸려 있는 3단 제단화이다. 이 그림은 교회 학교 어린이들이 그린 그림이다. 평화로운 세상을 꿈꾸며 아이들이 생각하는 천국을 그렸다. 싸우지 않고 공격하지 않고 비난하지 않고 각자의 자리에서 하나님을 높이는 모습이다. 이 그림을 보면서 "전 세계 아이들이 느끼고 있는 하나님 나라는 똑같구나"라는 생각을 했다.

우리가 살아가는 가정이 천국이 되고, 우리가 살아가는 일터가 천국이 되고, 우리가 신앙생활 하는 교회가 천국이 되어야 하지 않을까? 하나님을 믿는 바른 신앙으로 하나님 나라의 참 기쁨과 자유를 추구하면서 하나님 나라를 소망하자.

다음세대 소감문

성민교회는 종교개혁 특강을 10강 진행하였습니다. 전체 수료생이 250명이었고 이 중에서 다음세대가 50명이었습니다. **종교개혁? 어렵지 않습니다! 은혜롭습니다!**

조성현 (초1)

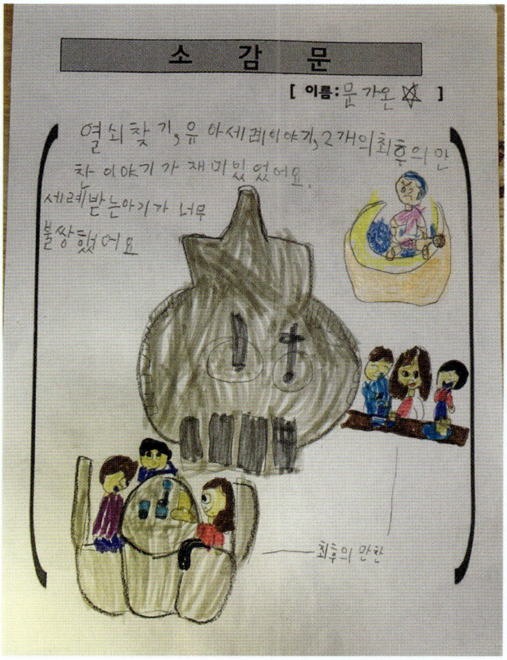

문가온 (초1)

이다은(초5), 이윤지(초2), 이민혁(7세)

정유빈 (초4)

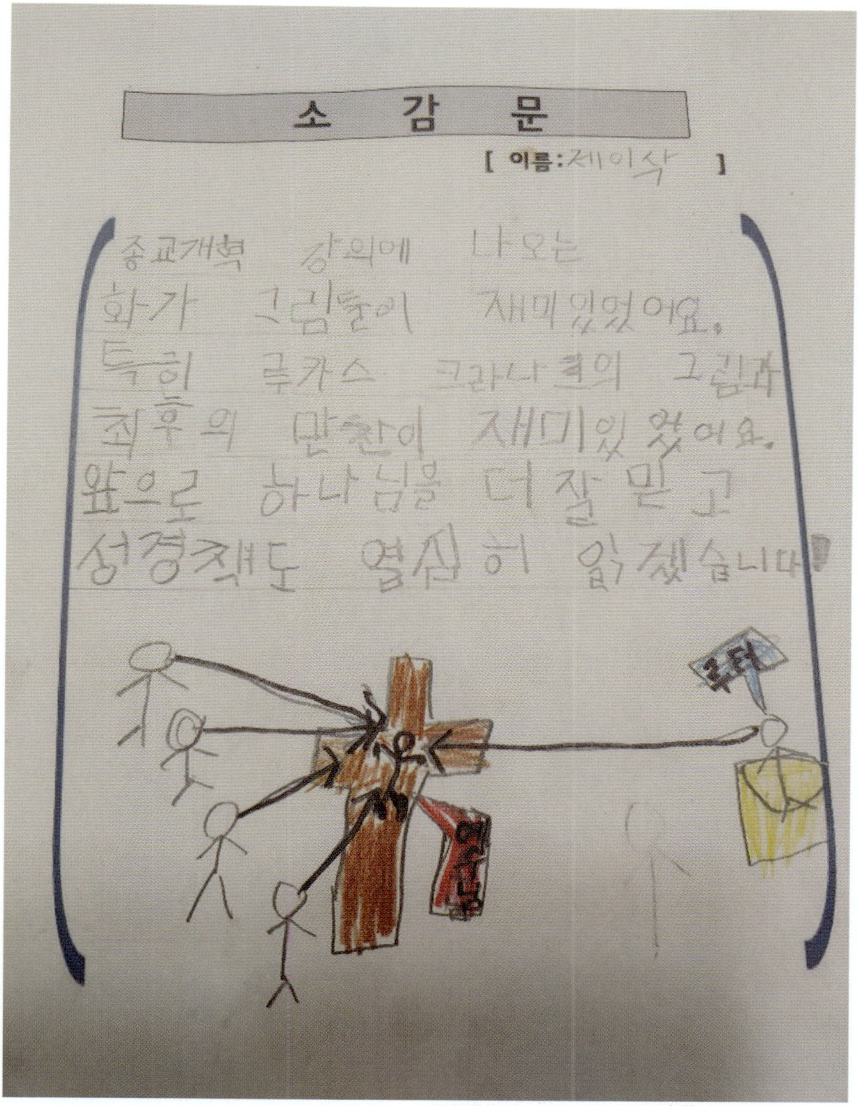

소 감 문

[이름: 제이삭]

종교개혁 강의에 나오는
화가 그림들이 재미있었어요.
특히 루카스 크라나흐의 그림과
최후의 만찬이 재미있었어요.
앞으로 하나님을 더 잘 믿고
성경책도 열심히 읽겠습니다!

제이삭 (7세)

중세교회의 잘못과 허물을 반복하지 않기 위하여

오늘 우리가 누리는 신앙의 기쁨과 자유는 믿음의 선진들의 값진 희생 덕분입니다. 저는 종교개혁 특강을 준비하고 강의를 하면서, 그리고 다시 책으로 내기 위한 준비를 하며 이것은 제 것이 아니라는 생각이 끊이지 않았습니다. 이 책의 내용들은 모두 마틴 루터의 것이며 멜랑히톤의 것이며 얀 후스의 것이고 또한 그들보다 먼저, 혹은 그들과 함께, 아니면 그들 이후로 계속 신앙의 순수성을 지켜내기 위해서 종교개혁의 험한 길을 걸었던 수많은 성도들의 것입니다. 하지만 그들의 목소리가 어느새 서서히 잊혀가고 있기에 오늘날 저처럼 부족한 종의 입을 통해 하나님께서 이 소리를 또 한 번 전하게 하시고 이 시대에 들려져야 할 이야기로 외치게 하시는 것이라 생각합니다.

오늘날 많은 교회가 숫자놀음에 빠져 자기 몸집 키우기에 모든 역량을 쏟아붓고 있는 모습을 봅니다. 수단과 방법을 가리지 않고 사람을 모으고 물질과 영향력을 얻어 교회가 브랜드처럼 되고 목회자가 유명해지고자 하는 시도가 끊이지 않습니다. 왜 그렇습니까? 종교개혁이 필요했던 중세 천주교의 못난 모습을 지금의 개신교회가 잊어버렸기 때문입니다. 교황의 권세가 하나님을 대신하고 교회의 전통이 성경보다 더 중요하게 여겨지던 그때, 교회는 누구보다 힘이 있고 교회당은 하늘을 찌르며 높이 솟았지만, 하나님의 눈은 그들을 외면하셨습니다. 당시 교회와 성직자들은 자기들이 모든 것을 다 가진 것처럼 으스댔지만 실제로 그들이 가진 것은 세상 사람들의 멸시와 교인들의 분노뿐이었습니다.

종교개혁이 500년도 지난 이 시점에서 우리가 다시금 종교개혁에 대해서 논하는 이유는 지나간 중세교회의 잘못과 허물을 지금 우리가 똑같이 반복하고 있기 때문입니다. 예수 그리스도의 십자가로는 무언가 부족한 것 같아서 그보다 더 빛나고 설득력이 있어 보이는 각종 교리와 이론을 동원하고자 하는 지금의 우리 교회들, 말로는 천국의 소망을 앞세우면서도 실제로는 이 땅에서의 물질과 권세를 축복이라 여기는 신앙인들의 민낯은 종교개혁을 거쳐 온 개신교라고 보기에는 너무나도 어색하고 낯설기만 합니다.

그래서 저는 이 책을 통해 한국 교회가 나아갈 미래를 함께 고민하기 위해서, 그리고 지금의 우리를 다시금 돌아보는 데 사용되기를 소망하는 마음으로 썼습니다. 우리가 정말 꿈꾸고 바라는 하나님 나라가 어떤 모습인지 다시 한번 되짚어보길 바랍니다. 또한 그걸 위해서 루터가 던졌던 그 질문들을 우리가 다시금 되묻길 소망합니다. 이 책이 그 질문들을 던지는데, 그리고 그 질문의 올바른 답을 함께 찾아가는 데 작은 도움이 되길 바라봅니다.

이번 강의와 책을 준비할 수 있게 기회를 주신 하나님께 모든 영광을 돌립니다. 그리고 늘 저의 설교와 강의를 경청해주시는 부산 성민교회의 모든 성도들에게 진심으로 감사의 말씀을 드립니다. 여러분은 진정 저의 가족이십니다. 저 또한 여러분의 가족임이 자랑스럽고 행복합니다. 늘 격려와 응원을 아끼지 않으시는 양기수 원로 목사님, 홍순모 원로장로님, 그리고 당회원분들과 교역자분들에게 감사의 인사를 드립니다.

그리고 특별히 이번 안식년 동안 24시간 서로 곁을 지키며 지금까지보다 더 큰 사랑을 경험하고 넘치는 영감을 준 사랑하는 아내 이승연 목사와 늘 제 말과 행동에 책임감을 더해주는 거울 같은 두 아들 민재, 민서에게 사랑하고 고맙다는 말을 전합니다. 그리고 끝으로 이 책을 펼치고 함께 종교개혁의 대열에 함께해주신 여러분 모두에게 감사의 인사를 드립니다. 여러분이 계셔서 한국교회는 소망이 있습니다. 감사합니다!

분홍목사 홍융희 올림

분홍목사가 던진
종교개혁자 루터의 9가지 질문

초판 1쇄 발행 2022년 10월 8일

지은이 홍융희

펴낸곳 한사람
펴낸이 송희진
편집팀장 우지연
마케팅장 스티브jh
디자인팀 샘물과 나무
경영팀 강운자 박봉순
등록 2020년 2월 1일 제894-96-01106호
주소 경기도 남양주시 평내동 171-1
블로그 https://blog.naver.com/pleasure20
홈페이지 https://hansarambook.modoo.at

ISBN 979-11-92451-08-4(03230)